Santiago Castro-Gómez

pós-colonialidade explicada às crianças

TRADUÇÃO **Rafael Leopoldo**

LETRAMENTO

Copyright © 2021 by Editora Letramento
Copyright da tradução © 2021 by Editora Letramento
Copyright © 2021 by Santiago Castro-Gómez
Copyright © 2005 Editorial Universidad del Cauca.
Copyright © 2005 © Instituto Pensar, Universidad Javeriana.

Diretor Editorial | Gustavo Abreu
Diretor Administrativo | Júnior Gaudereto
Diretor Financeiro | Cláudio Macedo
Logística | Vinícius Santiago
Comunicação e Marketing | Giulia Staar
Assistente Editorial | Matteos Moreno e Sarah Júlia Guerra
Designer Editorial | Gustavo Zeferino e Luís Otávio Ferreira
Tradução | Rafael Leopoldo
Revisão | Flavio Soares Guerra dos Anjos
Imagem da capa | Skay – Photo by Vincentiu Solomon on Unsplash
Capa | Luís Otávio Ferreira

Todos os direitos reservados.
Não é permitida a reprodução desta obra sem
aprovação do Grupo Editorial Letramento.

Dados Internacionais de Catalogação na Publicação (CIP) de acordo com ISBD

C355p	Castro-Gómez, Santiago
	Pós-colonialidade explicada às crianças / Santiago Castro-Gómez ; traduzido por Rafael Leopoldo. - Belo Horizonte, MG : Letramento, 2021.
	100 p. ; 14cm x 21cm.
	Tradução de: La poscolonialidad explicada a los niños
	Inclui índice e bibliografia.
	ISBN: 978-65-5932-006-6
	1. Pós-colonialismo. 2. Pós-colonialismo – Estudo e ensino. 3. América Latina. I. Leopoldo, Rafael. II. Título.
2021-2452	CDD 320 CDU 32

Elaborado por Odilio Hilario Moreira Junior - CRB-8/9949

Índice para catálogo sistemático:
1. Ciências políticas 320
2. Ciências políticas 32

Belo Horizonte - MG
Rua Magnólia, 1086
Bairro Caiçara
CEP 30770-020
Fone 31 3327-5771
contato@editoraletramento.com.br
editoraletramento.com.br
casadodireito.com

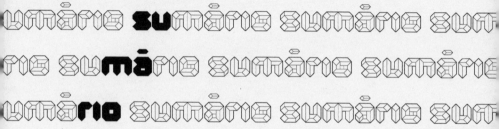

7	**PREFÁCIO**
13	**PRÓLOGO DA EDIÇÃO BRASILEIRA**
19	**A PÓS-COLONIALIDADE EXPLICADA ÀS CRIANÇAS**
19	PERSPECTIVAS LATINO-AMERICANAS SOBRE MODERNIDADE, COLONIALIDADE E GEOPOLÍTICA DE CONHECIMENTO
21	O PONTO CEGO DE MARX
27	A ORIENTALIZAÇÃO DO ORIENTE
33	CONVULSÕES TEÓRICAS DO MARXISMO
39	ECOS E REFLEXOS LATINO-AMERICANOS
45	A "DES-CONSTRUÇÃO" DO MITO DA MODERNIDADE
52	O DISCURSO DA LIMPEZA DE SANGUE
59	A COLONIALIDADE DO PODER
65	**O CAPÍTULO QUE FALTA NO IMPÉRIO**
65	A REORGANIZAÇÃO PÓS-MODERNA DA COLONIALIDADE NO CAPITALISMO PÓS-FORDISTA
66	A ERA DO IMPÉRIO
71	O LADO ESCURO DA FORÇA
77	A (PÓS)COLONIALIDADE DO PODER
93	**REFERÊNCIAS**
97	**NOTAS DE FIM**

PREFÁCIO

Desde os anos 1980, a maior parte da produção acadêmica sobre pós-colonialismo está inscrita na geopolítica global do conhecimento reproduzindo dinâmicas de dependência acadêmica do Sul em relação ao Norte. Apesar de este tipo de crítica sobre as contradições da teoria pós-colonial não constituir propriamente uma novidade, ela auxilia na compreensão da própria timidez que caracteriza a participação do Brasil no debate pós-colonial internacional.

A despeito da própria riqueza do pensamento social e político em relação às temáticas reconhecidas anacronicamente hoje como "pós-coloniais" e de algumas tendências recentes de abertura e interesse, pode-se afirmar que a agenda de pesquisa pós-colonial é bastante incipiente no país. O enquadramento do Brasil e da América Latina como um país e um continente "pós-coloniais" são relativamente novos e objeto de controvérsia.

Devido à escassa disponibilidade de livros em português dedicado aos enfoques pós-coloniais, a tradução para o público brasileiro do livro *La poscolonialidad explicada a los niños* contribui para que a recepção tardia e inserção atrasada do Brasil nesse debate possa ser modestamente minimizada. Esse perfil contrasta com o de alguns países latino-americanos, sendo a Colômbia um de seus exemplos através da importante contribuição filosófica de Santiago Castro-Gómez.

Nos últimos anos, a incipiente afirmação do pós-colonialismo como uma importante perspectiva crítica no âmbito das ciências humanas e sociais brasileiras tem se dado, sobretudo, pela via decolonial. Nesse sentido, é impossível desconsiderar o impacto do meu artigo *América Latina e o Giro Decolonial*, apresentado em 2012 e publicado em 2013, para uma maior visibilidade e introdução entusiasta da perspectiva decolonial no Brasil. Consistindo-se em uma revisão de literatura pouco conhecida no país e relativamente didática, o texto permanece exercendo uma espécie de encantamento a uma parcela do público acadêmico jovem.

No final dos anos 1990, desenhavam-se os contornos daquilo que foi posteriormente chamado de *giro decolonial*. Entendido como um movimento teórico-epistêmico que pretendeu inserir a América Latina no debate global sobre pós-colonialismo, o grupo de acadêmicos representativos deste projeto – também denominado *rede, coletivo, programa de investigação* –, utilizaram a expressão modernidade/colonialidade (M/C) para marcar sua diferenciação com as outras iniciativas anteriores que problematizaram o colonialismo e suas heranças. Em várias apresentações iniciais sobre a novidade decolonial, sua autenticidade era reivindicada pelas declarações de afastamento do marxismo, dos estudos subalternos e do pós-colonialismo – trazendo-as aqui como as três tradições mais importantes do pensamento crítico ao colonialismo e imperialismo. Porém, as notícias de desentendimentos entre pessoas centrais do M/C têm sugerido que as mesmas vaidades e disputas político-acadêmicas foram reproduzidas na conformação nascida da dissolução do Grupo de Estudos Subalternos Latino-Americanos, com potência igualmente desagregadora. A própria existência do M/C passa a ser questionada como programa de investigação coeso e sistemático, dado às diferentes percepções entre os integrantes do projeto, suas brigas e descontentamentos internos.

Ao tomar distanciamento e enxergar o próprio M/C também como objeto de análise, incomodou-me um recurso retórico, constantemente mobilizado por alguns de seus autores, de afirmar sua originalidade interpretativa da relação entre a América Latina, o colonialismo e a modernidade. Além disso, atualmente compreendo que a não vigilância epistêmica em relação à própria narrativa discursiva *fundacional* do projeto decolonial – como algo diferente e original do projeto pós-colonial posto que *latino-americano* – tem causado sérios equívocos políticos e conceituais.

Por exemplo, *de(s)colonialismo* e *pós-colonialista* são expressões típicas de leituras superficiais e apressadas. A própria noção de *pós-colonialidade* que protagoniza o título da presente obra igualmente se revela uma tradução ou adaptação inadequada pelo caráter imanente e transcendente da colonialidade como lógica do colonialismo. Parafraseando o já clássico artigo de Mabel Moraña, o *boom do decolonial* tem sido responsável pela adesão quase acrítica à inflexão latino-americana do pós-colonialismo por diversos estudantes e militantes. Sua banalização como recurso de enquadramento teórico repete a tendência do *boom do subalterno*, talvez com menos rigor ou profundidade daquele debate dos anos 1990 que adentrava na América Latina. Por sua vez, *descolonizar* se tornou um significante vazio problemático.

Do ponto de vista político, o projeto decolonial não está claramente comprometido com um projeto político em geral e um projeto político democrático em particular. Trago algumas observações para enxergar isso como uma necessidade cada vez mais urgente: a mudança radical do contexto político no qual o giro decolonial foi concebido, no auge do *Left Turn* latino-americano; a inexistência de uma teoria democrática pós-colonial e de uma teoria pós-colonial democrática capazes de estabelecer o cruzamento das agendas da descolonização e da democracia; uma nova ofensiva neocolonial e neoimperial, discursivamente despudorada, como epifenômeno da proliferação dos novos discursos anti-igualitários. Na onda global de desdemocratização que estamos testemunhando, essa ausência tem se tornado ainda mais indesejável, sobretudo porque as sociedades pós-coloniais como as latino-americanas não estão imunes à atual violência protofascista potencializada pelo passado de violência colonial.

A atualização do projeto anti-pós-decolonial necessita dialogar profundamente com o projeto democrático para problematizar seu conteúdo (neo)liberal, ser capaz de responder ao protofascismo colonizado ascendente e vincular, no seu horizonte normativo, o projeto de descolonização com um projeto democrático não exclusivamente liberal. Tal necessidade da construção de uma dimensão democrática vinculante ao projeto decolonial é reforçada quando pensamos que para grande parte de suas influências políticas ou teóricas, a questão democrática ainda não estava tão colocada. O desafio do giro decolonial na América Latina é incorporar a democracia em sua intervenção teórica, propositiva e normativa, contribuindo para fortalecer, ressignificar e arejar o espectro da própria esquerda.

Apesar desse momento crítico, o livro que ora tenho o prazer de prefaciar deve ser bastante saudado entre nós, por duas razões principais. A primeira é que, não obstante sua publicação seja situada no contexto dos anos 2000, muitas discussões e reflexões realizadas por Castro-Gómez permanecem atuais e importantes para a compreensão da América Latina na perspectiva pós-colonial, combinando um conjunto de autores críticos não restritos ao continente. A segunda razão é a oportunidade de conhecer um pouco da obra deste filósofo colombiano, autor de outros livros importantes como *Crítica de la razón latinoamericana* e *Hybris del punto cero: ciencia, raza e ilustración en la nueva granada (1750-1816)*.

Além de contribuir para a difusão da discussão pós-colonial no Brasil, a tradução do presente livro também ajuda a pensar o lugar do Brasil na América Latina. Essa tensa e precária relação de pertencimento também se revela no desconhecimento e distanciamento daquilo que é produzido teoricamente com qualidade e rigor destacáveis nos outros países latino-americanos. Reside, sobretudo, nas relações coloniais reproduzidas também no interior da produção científica e acadêmica, a explicação para o fato de que Santiago Castro-Gómez não chame a atenção no campo da filosofia brasileira. Não podendo ser reduzido a um "autor decolonial", a riqueza de sua filosofia se encontra justamente no desenvolvimento do pensamento incessantemente crítico, rejeitando as pretensões essencialistas e puristas que excluem as contribuições das teorias críticas do Norte.

O contexto político brasileiro atual, mergulhado em um espantoso protofascismo violento e colonizado, exige-nos imperiosamente um senso de responsabilidade aguçado como pensadores/as e teóricos/as. Não tenho dúvidas de que a leitura de Santiago Castro-Gómez contribuirá para esse redobrado desafio.

Pelotas, 19 de abril de 2019.

LUCIANA BALLESTRIN

Professora Associada do curso de Relações Internacionais e do Programa de Pós-Graduação em Ciência Política no Instituto de Filosofia, Sociologia e Política da Universidade Federal de Pelotas.

PRÓLOGO DA EDIÇÃO BRASILEIRA

O livro que o leitor brasileiro tem em mãos foi escrito há quase vinte anos, num momento em que a teoria pós-colonial era pouco conhecida em meu país, Colômbia. O título brinca com o que disse Lyotard, em 1986, em uma série de correspondências onde esclarecia a seus destinatários, utilizando uma linguagem ingênua e simples, o que ele entendia por "pós-modernidade". É mais ou menos o que eu quis fazer com meu pequeno livro, que buscava explicar à comunidade acadêmica colombiana do começo do século, em uma linguagem sem tecnicismos, do que se tratava isso de "pós-colonialidade". Para este momento, 2005, não se havia estabelecido ainda a diferença entre teoria "pós-colonial" e a "decolonial", por isso apresento no livro as teses de pensadores como Quijano, Mignolo e Dussel, como uma variação latino-americana da discussão internacional em torno do pós-colonial. Confesso que se tivesse que escrever o livro, hoje em dia, manteria essa forma básica de entender as coisas, pois nunca vi tão claras as diferenças epistêmicas que logo estabeleceu Mignolo entre as duas formas de teorização. Sempre acreditei que o pós-colonial, em geral, faz referência a uma forma de teorizar criticamente as heranças coloniais deixadas pela expansão europeia naquelas regiões do mundo que foram anexadas, economicamente e culturalmente, ao sistema-mundo moderno/colonial desde o século XVI. Nunca tratei de estabelecer uma "diferença epistêmica" entre a teorização das heranças coloniais na América Latina com outras realizadas em diferentes regiões do mundo, apesar de entender que as histórias da colonização foram bastante diferentes em cada caso. Mas, apesar de todas estas diferenças, o livro não se desvincula, em nenhum momento, da discussão latino-americana do debate internacional.

O livro levanta, portanto, uma cartografia do debate internacional em torno da teoria pós-colonial, porém dando ênfase à rede modernidade/colonialidade que então já havia se configurado em vários países da América Latina. A rede se forma pouco antes de se dar início ao ciclo de governos progressistas na região, durante a primeira metade do século XX. Pode-se dizer que a citada acompanhou os primeiros anos deste ciclo e contribuiu para o seu fortalecimento, sobretudo em países como Equador, Bolívia e Venezuela. Talvez, esta tenha sido uma das suas conquistas mais importantes, já que tanto a rede decolonial, como os movimentos indígenas, ecologistas e sociais que participaram do ciclo enriqueceram o seu vocabulário mutuamente. Destacaria, também, como outra de suas maiores conquistas, a formação de um pensamento feminista decolonial com uma identidade própria. Nomes como María Lugones, Rita Laura Segato, Julieta Paredes, Linda Martin Alcoff, Yuderkys Espinosa, Ochi Curiel e Francesca Gargallo, com suas diferenças, converteram-se em referências de um feminismo global. No âmbito acadêmico, o impacto do projeto foi considerável. O pensamento decolonial é reconhecido como um dos paradigmas com maior ressonância nas ciências sociais da América Latina, quiçá, inclusive como a corrente de pensamento que mais soube recorrer e desenvolver os aportes teóricos da região nos anos setenta: a teoria da dependência, a teologia da libertação, a filosofia latino-americana, a sociologia e a pedagogia crítica, mas, também, a importante contribuição do pensamento abro-caribenho. Figuras como Aníbal Quijano, Zulma Palermo, Enrique Dussel, Walter Mignolo, Arturo Escobar e Edgardo Lander são conhecidas amplamente por seus livros e seminários universitários. Professores como Catherine Walsh, Enrique Dussel, Ramón Grosfoguel e Nelson Maldonado muito para a criação de programas, cursos e escolas dirigidas para ativistas em todo o mundo. O impacto foi tão grande, que, na realidade, os primeiros surpreendidos fomos nós mesmos.

Porém, ao escrever este prólogo para a edição brasileira, admito que é inegável que as coisas mudaram muito desde aquela época. O mundo mudou muito. As discrepâncias políticas e teóricas no interior da rede começaram a ser sentidas desde o ano de 2006. No momento em que os governos progressistas de alguns países latino-americanos começaram a entrar em contradição (devido aos seus compromissos – inevitáveis ou não – com o empresariado neoliberal e o extrativismo), as opiniões ao interior da rede começaram a se dividir. Teríamos que apoiar estes governos de esquerda para além de suas contradições ou teríamos que nos colocar ao lado dos movimentos sociais (sobretudo negros e indígenas) que se sentiam traídos? A minha impressão pessoal é que, neste momento, se abriu uma das brechas que dividiu os participantes da rede. Aqueles que optaram por apoiar o ciclo progressista usaram o pensamento crítico da modernidade (latino-americana e europeia) para compreender melhor a situação. Aqueles que, ao contrário, optaram por rechaçar (no todo ou tão-somente em casos específicos), desenvolveram cada vez com maior ênfase uma visão antimoderna que tomava como modelo o comunitarismo zapatista, assim, caindo, às vezes, em posições indigenistas e/ou subalternistas. Foi na toada deste momento que alguns deixaram de se sentir parte da rede e optaram por um caminho solitário.

Vendo as coisas do presente, o devir antimoderno de alguns teóricos decoloniais não foi só um grave erro político, mas, também, um evidente passo atrás a respeito da proposta inicial da rede no momento em que o livro foi escrito. Isto, pois, antes de 2005 não existia entre nós a ideia de uma modernidade no seu conjunto ser um projeto imperialista, colonialista, patriarcal, genocida, racista, epistemicida e depredadora compulsiva da natureza. Falávamos, especialmente, da colonialidade como o "lado mais escuro" (*darker side*) da modernidade e tratávamos de entender a complexa dialética entre os dois polos. A ninguém ocorreu jamais colocar a tese de que a colonialidade é a "lógica profunda" da modernidade, em outras palavras, que todo o moderno é, em si mesmo, colonial. E como consequência desta eliminação do pensamento dialético, isto é, da redução da modernidade à colonialidade, surgiu em alguns pensadores decoloniais essa tendência que chamei de *abyayalismo*. Com esta palavra quero me referir a busca de alternativas à modernidade nas "epistemologias outras" dos povos originários e seus saberes ancestrais, que não fundamentam o conhecimento na relação sujeito-objeto e que cultivam uma "espiritualidade telúrica" em relação de harmonia com todos os seres vivos. A aposta política dos *abyayalistas* não é entrar na disputa da repartição dos bens públicos no interior das instituições modernas, mas abandoná-las radicalmente – uma espécie de êxodo epistêmico-político – para se colocar no microcosmo orgânico da vida comunitária. Frente a esta posição, diria que o maior erro que pode cometer a teoria decolonial é renunciar a mão dos seus recursos políticos e críticos oferecidos pela própria modernidade, com o pressuposto de que os recursos são em si uma prolongação da lógica do capitalismo.

Muito do que hoje se vende, então, como "teoria decolonial" no mercado acadêmico não é outra coisa senão a projeção de um conjunto de intelectuais brancos que, a maneira dos "novos antropólogos", pretendem falar com excelência das comunidades indígenas, negras e campesinas da América Latina. Como se "descolonizar o pensamento" explicasse na exotização de tudo aquilo que a modernidade não conseguiu incorporar na sua lógica e que agora deve ser resgatado diante do imperativo moral de "salvar o planeta". Tal o é, que o leitor brasileiro que tenha em mãos este livro deve entender que aquilo que encontrará aqui não diz respeito ao que atualmente se apresenta como "pensamento decolonial", mas, de fato, um momento anterior a este trágico desenvolvimento. O livro conserva, neste sentido, um valor como exercício arqueológico, entretanto não deve ser confundido com a prédica moralizante contra todo o moderno defendido por almas belas e bem-pensantes, não raro carentes de horizonte político.

Bogotá, 25 de fevereiro, 2019.

SANTIAGO CASTRO-GÓMEZ

A PÓS-COLONIALIDADE EXPLICADA ÀS CRIANÇAS

PERSPECTIVAS LATINO-AMERICANAS SOBRE MODERNIDADE, COLONIALIDADE E GEOPOLÍTICA DE CONHECIMENTO

De acordo com a taxonomia proposta recentemente por John Beverley,[1] o campo dos estudos culturais latino-americanos durante os últimos dez anos se dividiu em quatro projetos diferentes, porém complementares: os estudos sobre práticas e políticas culturais na linha de Néstor García Canclini, George Yúdice, Jesús Martín Barbero e Daniel Mato; a crítica cultural (desconstrutivista ou neofrankfurtiana) na linha de Alberto Moreiras, Nelly Richard, Beatriz Sarlo, Roberto Schwarz e Luis Britto García; os estudos subalternos na linha seguida por ele mesmo, Llena Rodriguez e os membros do Latin American Subaltern Studies Group. E, finalmente, os estudos pós-coloniais na linha de Walter Mignolo e o grupo da "modernidade/colonialidade", que se encontram Edgardo Lander, Aníbal Quijano, Enrique Dussel, Catherine Walsh, Javier Sanjinés, Fernando Coronil, Ramón Grosfoguel, Freya Schiwy, Nelson Maldonado e quem escreve estas linhas.

Não é meu propósito discutir a pertinência heurística da taxonomia que, como todas, supõe uma vontade arbitrária de seleção e exclusão. Todavia, quero me referir ao último dos quatro projetos assinalados por Beverley com o objetivo de explicar, de forma quase pedagógica, de que tipo de debates teóricos veio configurando o chamado grupo latino-americano da "modernidade/colonialidade". Desnecessário dizer que falo em nome próprio e que a estratégia de apresentação que adotarei não reflete, de modo algum, um ponto de vista coletivo. No lugar de iniciar com a apresentação de algumas categorias analíticas (como transmodernidade, colonialidade do poder, diferença colonial, gnose de fronteira, interculturalidade, ponto zero e corpo-político), que se converteram numa espécie de *koiné* para o grupo, ou antes de passar pelas publicações que logramos produzir nos últimos anos de trabalho conjunto[1] (1999-2002) irei me dirigir ao modo como nossas discussões estão marcadas em um contexto discursivo mais amplo, conhecido na academia metropolitana com o nome de "teoria pós-colonial". Ao adotarmos esta estratégia, minha ideia não é localizar nossos debates como uma simples recepção do que escutamos há vários anos das bocas de teóricos *mainstream*, como Said, Bhabha e Spivak (isto é, como se fôssemos uma sucursal latino-americana de uma empresa transnacional chamada "teoria pós-colonial"), mas mostrar que a especificidade do debate latino-americano somente pode ser apreciada *a contrapelo* do que em outros lugares veio se discutindo com esta rubrica.

Vou proceder, então, da seguinte forma: tratarei primeiro de mostrar o modo como a teoria social marxista construiu o problema do colonialismo, tomando como exemplo alguns trabalhos de Marx. Ademais, examinarei como o livro *Orientalismo*, de Edward Said, tentou colocar em relevo certos aspectos que, para Marx, eram, todavia, um "ponto cego", reconstruindo, desta maneira, o colonialismo como "problema". Esquadrinharei, também, o mal-estar causado por esta leitura pós-colonial no núcleo dos teóricos marxistas contemporâneos, tratando de identificar as causas de seu

---

1 Cf. Castro-Gómez et al., eds. (1999); Castro-Gómez, ed. (2000); Lander, ed. (2000); Walsh. (2001); Mignolo, ed. (2001); Walsh et al.. eds., (2002); Walsh, ed. (2003); Escobar (2004, 2005).

rechaço. Finalmente e assumindo a legitimidade de algumas das críticas marxistas, mostrarei que a teoria pós-colonial anglo-saxã não é suficiente para visibilizar a especificidade do debate latino-americano sobre a modernidade/colonialidade, tema este que vai ocupar o desfecho deste livro.

O PONTO CEGO DE MARX

N'*O manifesto comunista*, de Marx e Engels, afirmou-se que a burguesia é a primeira classe verdadeiramente revolucionária da história. Nunca antes havia surgido um grupo social que fosse capaz de transformar estruturalmente todas as relações sociais. Modos de vida que haviam permanecido quase idênticos durante séculos, legitimados pelo poder da religião e da força do costume, tiveram que ceder frente ao passo avassalador da classe burguesa. O antigo foi substituído pelo novo, dando lugar a um mundo que nem o mais fantasioso dos poetas foi sequer capaz de imaginar:

> A burguesia não pode existir sem revolucionar permanentemente os instrumentos de produção, portanto, as relações de produção, e com elas todas as relações sociais... todas as relações fixas e enferrujadas, com o seu cortejo de vetustas representações e intuições, são dissolvidas, todas as recém-formadas envelhecem antes de poderem ossificar-se. Tudo o que era dos estados e estável se volatiliza, tudo o que era sagrado é dessagrado, e os homens são por fim obrigados a encarar com olhos prosaicos a sua posição na vida, as suas ligações recíprocas.[2]

Os elementos que facilitaram a ascensão vertiginosa da burguesia foi o surgimento do mercado mundial e o desenvolvimento da grande indústria. À raiz do descobrimento da América e do intercâmbio com suas colônias, as nações europeias puderam administrar um sistema internacional de comércio que rompeu em mil pedaços os limites da antiga organização feudal ou gremial. Os novos mercados criaram novas necessidades de consumo, que já não podiam ser satisfeitas com produtos nacionais, e reclamaram uma introdução de mercadorias provenientes dos lugares mais distantes e dos climas mais diversos do planeta. A abertura desses novos mercados deu um impulso sem precedentes ao desenvolvimento da ciência e da inovação tecnológica. A navegação a vapor, as linhas ferroviárias, o telégrafo e a colocação da maquinaria industrial revolucionaram o modo como os indivíduos submeteram as forças da natureza e geraram novas fontes de riqueza. A relação entre esses elementos, o mercado mundial e a grande indústria não foi causal, mas, sim, profundamente dialética. O mercado mundial impulsionou o surgimento da grande indústria, e esta, por sua vez, ampliou os limites do mercado mundial[2].[3]

Todavia, apesar de afirmar que "a burguesia percorre todo o mundo" graças ao surgimento do mercado mundial, Marx e Engels foram céticos ao considerar o desenvolvimento da classe burguesa nas sociedades não europeias. As sociedades não capitalistas, dependentes e colonizadas (o que hoje, *grosso modo*, chamaríamos de "Terceiro Mundo") foram observadas por Marx e Engels de uma perspectiva das sociedades modernas europeias que conseguiram um desenvolvimento plenamente capitalista. Por isso, quando assinalaram n'*O manifesto comunista* que "a burguesia deu um caráter cosmopolita à produção e ao consumo de todos os países",[4] pareciam se referir à ação de uma burguesia *europeia*, particularmente, da burguesia britânica que, graças a seu controle de comércio internacional, logrou estabelecer núcleos de produção capitalista nas colônias ultramar. Nem sequer em seus trabalhos posteriores sobre a periferia europeia (Rússia, Irlanda, Espanha), publicados depois da sua morte, sob o título *The*

---

2 "A grande indústria estabeleceu o mercado mundial que o descobrimento da América preparara. O mercado mundial deu ao comércio, à navegação, às comunicações por terra, um desenvolvimento imensurável. Este, por sua vez, reagiu sobre a extensão da indústria, e na mesma medida em que a indústria, o comércio, a navegação, as linhas ferroviárias se estenderam, desenvolveu-se a burguesia" (Marx e Engels 1983:29).

Eastern Question[3], Marx identificou uma "ascensão" considerável da classe burguesa nessas regiões. Se a revolução socialista era possível ali, não se devia tanto a ação de uma burguesia nativa, capaz de estabelecer previamente um modo de produção capitalista, mas aos efeitos da internacionalização do capital financeiro.

Marx jamais se ocupou de estudar o desenvolvimento do capitalismo na América Latina. A razão para essa significativa ausência da "questão latino-americana" em sua obra parece ser a influência que exerceu sobre o seu pensamento o famoso "veredito de Hegel" sobre a América.[5] Em sua *História universal da razão*, Hegel considerou que a América Latina se encontrava, todavia, "fora da história" por não ter desenvolvido instituições políticas e pensamento filosófico que lhes permitiria inserir dentro do movimento progressivo até a liberdade, característica da "História Universal". Na opinião de Hegel, enquanto os Estados Unidos haviam começado a desenvolver uma pungente indústria e algumas instituições sociais republicanas, as jovens repúblicas latino-americanas continuavam aplastadas baixo ao peso de uma "rigorosa hierarquia" social, "a desmedida dos clérigos seculares" e a "vaidade" de uma classe de dirigentes cujo único interesse era "dominar e se fazer ricos"por meio da obtenção de cargos públicos, títulos e postos.

A tese hegeliana dos "povos sem história", herdada por Marx, permite entender por que razão ele olhou a América Latina como um continente incapaz de desenvolver uma estrutura econômica e social que fosse inserida com alguma esperança de êxito no processo revolucionário mundial. Para Marx, a América Latina era um conjunto de sociedades semifeudais governadas por latifundiários que exerciam seu poder

---

3 O livro foi publicado pela filha de Marx, em Londres, em 1897. Estes textos apareceram logo em alemão com o título Gesammelt schriften von Karl Marx und Friedrich Engels, 1852 bis 1862 (Stuttgard 1916). Em espanhol apareceram, inicialmente, com o título Sobre o colonialismo (México 1978).

despótico sobre massas carentes de organização. A revolução da independência havia sido obra de um punhado de separatistas crioulos que lutaram contra o apoio externo da burguesia inglesa, sem contar para nada com o respaldo das massas populares. Por esse motivo, ao redigir seu artigo sobre Simón Bolívar para o *New York Daily Tribune*, em 1857, Marx se referiu ao eminente venezuelano como representante típico de uma classe dirigente reacionária e partidária, a fim de estabelecer uma monarquia bonapartista no continente[4]. A derrota da comuna de Paris, em 1848, e a ofensiva internacional do monarquismo francês, com a coroação de Maximiliano como imperador do México, só fez reforçar o "veredito de Marx" sobre a América Latina: devido ao caráter semifeudal de suas relações sociais e a orientação aristocrática de suas classes dirigentes, representadas tipicamente por Bolívar, as sociedades latino-americanas estavam convertendo num lugar ideal da contrarrevolução a nível mundial.

Na análise de Marx, Bolívar não foi um revolucionário burguês, mas, em verdade, um aristocrata com ânsias de poder, desejoso de construir um regime político no qual as massas populares não tivessem representação alguma. Esse desprezo aristocrático pelo popular se revelou com clareza no projeto bolivariano apresentado ante o congresso de Angostura, no qual Bolívar propôs a constituição de um senado hereditário e de um presidente vitalício. Em outras palavras, nada em Bolívar recordou a Marx a tendência revolucionária da burguesia em romper com "todo o estamental e estancado", que descreveu dez anos antes, junto com Engels, n'*O manifesto comunista*. Apesar disso, notou-se que bem se tratava de um representante da nobreza estamental crioula, partidária

---

4 "Bolívar deu livre curso a sua tendência ao despotismo e proclamou o Código Boliviana, arremedo ao Código Napoleônico. Projeta transplantar este código da Bolívia para o Peru, e deste para Colômbia, e manter submetidos os dois primeiros Estados por meio de tropas colombianas... A intenção real de Bolívar era unificar toda América do Sul em uma republica federal, cujo ditador seria ele mesmo" (Marx 2001:67,69).

de conservar o "antigo regime" e oposta, por isso, tanto aos interesses da pequena burguesia liberal quanto aos interesses das inconscientes massas populares.

Da perspetiva de Marx, o colonialismo não é um fenômeno digno de ser considerado por si mesmo, mas tão somente como uma antessala para a emergência nas periferias da burguesia, única classe capaz de impulsionar a crise da ordem feudal de produção. O colonialismo é um efeito colateral da expansão europeia pelo mundo, e neste sentido, forma parte de um trânsito necessário até o surgimento mundial do comunismo. O que interessou Marx foi a análise das lutas de classes, ignorando qualquer outro tipo de luta de menor dignidade por considerá-las defasadas em relação à "causa da História Universal", como os conflitos de tipo étnicos. Por isso, as discriminações étnicas e raciais foram consideradas por Marx como fenômeno "pré-capitalista", próprios de sociedades nas quais não havia emergido a burguesia e nas quais lhe reinava o ordenamento estamental e teológico característico do "antigo regime". O texto no qual Marx relatou o atentado contra Bolívar, em Bogotá, é uma prova latente de sua posição frente o colonialismo:

> Uma tentativa de assassiná-lo, em seu próprio quarto, em Bogotá, da qual só se safou porque pulou por uma janela, em plena noite, permitiu-lhe exercer durante algum tempo uma espécie de terror militar. Bolívar, porém, evitou colocar a mão sobre Santander, apesar de que este participara da conjura, enquanto mandou matar o general Padilha, cuja culpabilidade não havia sido demonstrada em absoluto, mas pelo fato de ser homem de cor não podia oferecer resistência alguma.[6]

O fato que se Bolívar não houvesse atrevido a "colocar a mão" sobre o criulo Santander, apesar de ser seu rival político, mas em contrapartida, sobre o almirante Padilla, se explicaria, segundo deixa entender Marx, pela "ausência de modernidade" das sociedades latino-americanas. Nestas sociedades não houve lugar para a burguesia, porém, predominavam as relações feudais de produção, e o poder político era controlado por caudilhos como Simón Bolívar, investidos com poderes ditatoriais que lhes permitiam impor sua vontade pessoal sobre as massas ignorantes. As classes sociais propriamente modernas (a burguesia e o proletariado) ainda não haviam se formado, o que explicava em virtude de quê a pureza de sangue e os privilégios étnicos constituíam um critério fundamental de honra e distinção. Porém, quando esta ordem pré-capitalista enfim desaparecesse: a burguesia se assimilasse finalmente aos meios de produção; as forças produtivas se desenvolvessem plenamente; odo o sólido se dissolvesse no ar; então, seria coisa do passado o colonialismo. Para Marx, o colonialismo não era outra coisa senão *o passado da modernidade* e, como tal, desapareceria por completo com a crise mundial que daria lugar ao comunismo.

Apesar de reconhecer que o mercado mundial foi "preparado pelo descobrimento da América" e impulsionado pela expansão colonial da Europa, Marx permaneceu aferrado à visão teleológica e eurocêntrica da história para qual o colonialismo é um fenômeno puramente *aditivo* – e não *constitutivo* – da modernidade. O que concebe, verdadeiramente, a modernidade é o capitalismo que se expande da Europa até o resto do mundo, de modo que, para Marx, o colonialismo aparecia bem mais como um "efeito" ligado à consolidação do mercado mundial. Em Marx, não existiu a ideia clara de que o colonialismo poderia ter algum tipo de incidência fundamental à nível, por exemplo, das práticas ideológicas da sociedade (em especial as práticas científicas) nem, muito menos, que poderia ter um papel primário na emergência do capitalismo e da subjetividade moderna. Por isso a explicação do colonialismo se esgotou para Marx com a utilização de categorias filosóficas ("falsa consciência"), econômicas ("modo de produção") e sociológicas ("luta de classes").

Esta apreciação começou a mudar com o surgimento dos estudos pós-coloniais e subalternos até o final do século XX. O que teóricos provenientes das ex-colônias europeias na Ásia e no Oriente Médio – como Said, Bhabha, Spivak,

Prakash, Chatterjee, Guha e Chakrabarty – começaram a apresentar era a ideia de que o colonialismo não é, unicamente, um fenômeno econômico e político, possuindo, acima de tudo, uma dimensão epistemológica associada ao nascimento das ciências humanas, tanto no centro quanto na periferia. Neste sentido, caberia falar de *colonialidade* antes de *colonialismo* para destacar a dimensão cognitiva e simbólica deste fenômeno. Quase todos os autores mencionados argumentaram que as humanidades e as ciências sociais modernas criaram um imaginário sobre o mundo do "subalterno" (o oriental, o negro, o índio, o campesino), que não só serviu para legitimar o poder imperial num nível econômico e político, mas também contribuiu para criar os paradigmas epistemológicos destas ciências e gerar as identidades (pessoais e coletivas) de colonizadores e colonizados. Assim, a colonialidade se distancia de ser um fenômeno colateral do desenvolvimento da modernidade e do capitalismo, como erroneamente colocou Marx.

A ORIENTALIZAÇÃO DO ORIENTE

Não é este o lugar para nos alongarmos na apresentação detalhada das teorias pós-coloniais, em particular as que foram desenvolvidas na América do Norte pelos autores que Robert Young[7] identifica como pertencentes à "Sagrada Trindade" do movimento: Edward Said, Homi Bhabha e Gayatri Chakravorty Spivak[5]. Para traçar o ponto que me interessa, a dimensão cultural e epistêmica do colonialismo, irei me con-

---

5 Para um estudo detalhado da obra de outros teóricos pós-coloniais remeto ao leitor a duas antologias publicadas em inglês (Williams e Chrisman, eds., 1994; Aschcroft et al., eds., 1995) e dois em espanhol (Rivera Cusicanqui e Barragán, eds., s/d.; Dube, ed., 1999) nas quais se recorrem a alguns dos textos mais importantes desta corrente de pensamento. Pode-se consultar, também, Schcroft et al. (1998); Young (1990); Dirlik (1997); Moore-Gilbert (1997); Loomba (1998); Beverley (1999); Ashcroft e Ahluwalia (2000).

centrar, exclusivamente, no trabalho de Said, em particular, no mais conhecido dos seus livros, *Orientalismo*.

O argumento central do *Orientalismo* é que a dominação imperial da Europa sobre suas colônias da Ásia e Oriente Médio, dos séculos XVIII e XX conduziu, necessariamente, a uma institucionalização de certa imagem ou representação sobre o "oriente" e o "oriental". Segundo Said, uma das características do poder imperial na modernidade é que o domínio (*Herrschaft*) não se consegue apenas matando e submetendo o outro à força, mas requer um elemento ideológico "representacional", isto é: sem a construção de um discurso sobre o "outro" e sem a *incorporação* desse discurso no *habitus* de dominadores e dominados, o poder econômico e político da Europa sobre suas colônias teria sido impossível. Deste modo, Said começou a mostrar aquilo que para Marx representou um "ponto cego": a centralidade dos elementos "superestruturais" – o conhecimento e a subjetividade – para a consolidação do domínio imperial da Europa. O dominador europeu construiu o "outro" como objeto de conhecimento (oriente), e criou também uma imagem autocentrada de seu próprio *locus enuntiationis* (ocidente) no processo de exercitar o domínio:

> O Oriente não está apenas adjacente à Europa; é também onde estão localizadas as maiores, mais ricas e mais antigas colônias europeias, a fonte das suas civilizações e línguas, seu concorrente cultural e uma das suas mais profundas e recorrentes imagens do Outro. Além disso, o Oriente ajudou a definir a Europa (ou o Ocidente) como sua imagem, ideia, personalidade e experiência de contraste. Contudo, nada desse Oriente é meramente imaginativo. O Oriente expressa e representa esse papel cultural e até mesmo ideologicamente como um modo de discurso com o apoio de instituições, vocabulários, erudição imagística, doutrina e até burocracias e estilos coloniais…[O orientalismo] é um estilo de pensamento baseado em uma distinção ontológica e epistemológica feita entre "o Oriente" e (a maior parte do tempo) "o Ocidente". Desse modo, uma enorme massa de escritos, entre os quais estão poetas, romancistas, filósofos, teóricos políticos, economistas e administradores imperiais, aceitou a distinção básica entre Oriente e Ocidente como o ponto de

partida para elaboradas teorias, epopeias, romances, descrições sociais e relatos políticos a respeito do Oriente, dos seus povos, costumes, "mente", destino e assim por diante.[8]

As representações, as "concepções de mundo" e a formação da subjetividade *no interior* dessas representações foram elementos fundamentais para o estabelecimento do domínio colonial do ocidente. Sem a construção de um imaginário do "oriente" e "ocidente", não como lugares geográficos, mas como *formas de vida e pensamento* capazes de gerar subjetividades concretas, qualquer explicação (econômica ou sociológica) do colonialismo resultaria incompleta. Para Said, tais formas de vida e pensamento não se encontram somente no *habitus* dos atores sociais, pois estão, sobretudo, ancoradas em estruturas objetivas: leis de Estado, códigos comerciais, planos de estudos escolares, projetos de investigação científica, regulamentos burocráticos, formas institucionalizadas de consumo cultural. O autor acredita que o orientalismo não é só um assunto de "consciência" (falsa ou verdadeira), mas *a vivência de uma materialidade objetiva*.

Interessa-me, particularmente, o papel que Said concedeu às ciências humanas na construção desse imaginário colonial. O *Orientalismo* encontrou seu lugar na academia metropolitana desde o século XVIII, com a criação das cátedras sobre "civilizações antigas", no marco do grande entusiasmo gerado pelo estudo das línguas orientais. Said afirmou que o domínio imperial da Grã-Bretanha sobre a Índia permitiu o acesso irrestrito dos eruditos aos textos, às línguas e religiões do mundo asiático, até o momento desconhecidas para Europa.[9] Um empregado da East India Company, e membro da burocracia colonial inglesa, o magistrado William Jones, aproveitou seus grandes conhecimentos do árabe, hebreu e sânscrito para elaborar a primeira das grandes teorias orientalistas. Numa conferência pronunciada em 1786, na Asiatic Society of Bengal, Jones afirmou que as línguas europeias clássicas (o latim e o grego) procediam de um tronco comum que poderia ser rastreado até o sânscrito. Essa tese gerou um entusiasmo sem precedentes na comunidade científica europeia e fomentou o desenvolvimento da nova disciplina humanística: a filologia[6].

O ponto central desse argumento é que o interesse pelo estudo das antigas civilizações asiáticas obedeceu à uma estratégia de construção do *presente* colonial europeu. No passado do mundo asiático buscou-se as origens (as "raízes") da triunfante civilização Europeia. A filologia pareceu "comprovar cientificamente" o que os filósofos como Hegel haviam colocado desde o final do século XVIII: Ásia não é outra coisa que não o grandioso passado da Europa. A civilização certamente "começou" na Ásia, porém seus frutos foram colhidos pela Grécia e Roma, o referente cultural imediatamente anterior da Europa moderna. Como diria Hegel, a civilização correu o mesmo caminho do sol: apareceu no oriente (onde teve sua *arché*), mas se deslocou o seu término (seu *telos*, seu fim último) no ocidente. O domínio europeu sobre o mundo exigiu uma legitimação "científica", onde principiou a ter um papel fundamental nas nascentes ciências humanas: filologia, arqueologia, história, etnologia, antropologia, paleontologia. Ao se ocupar do *passado* das civilizações orientais, essas disciplinas "construíram", na realidade, o *presente* colonial europeu.

As reflexões de Said sobre as ciências humanas apontam, como veremos, até um tema que está no centro do debate latino-americano sobre a modernidade/colonialidade: a *crítica do eurocentrismo*. O *Orientalismo* mostrou que o presente da Ásia nada tinha que dizer a Europa, pois o Iluminismo havia postulado que estas manifestações culturais eram "velhas" e já haviam sido "superadas" pela civilização moderna. Das culturas asiáticas só interessa seu *passado* no momento "preparatório" para a emergência da racionalidade moderna europeia. Desta perspectiva esclarecida, as demais vozes culturais da humanidade são vistas como "tradicionais", "primitivas" ou "pré-mo-

---

6 O mesmo se pode dizer do desenvolvimento de outras disciplinas como arqueologia que impulsionada pelo estudo da antiga civilização egípcia foi possível graças a invasão napoleônicas (Said 1995:87).

dernas", e se encontram, por isso, fora da *Weltgeschichte*. No imaginário orientalista, o mundo oriental – o Egito é, talvez, o melhor exemplo – é associado diretamente com o exótico, o misterioso, o mágico, o esotérico e o originário (isto é, com manifestações culturais "pré-racionais"). As "muitas formas de conhecer" foram localizadas em uma concepção da história que *deslegitimou sua coexistência espacial* e as ordenou de acordo com um esquema teleológico de progressão temporal. As diversas formas de conhecimento separadas da humanidade no curso da história conduziriam, paulatinamente, até uma única forma legítima de conhecer o mundo: o posto pela racionalidade científico-técnica da modernidade europeia.

Ao estabelecer uma relação genética entre o nascimento das ciências humanas e o nascimento do colonialismo moderno, Said deixou claro o vínculo inelutável entre conhecimento e poder, assinalado por autores como Michel Foucault. Frente à ideia dominante de que o saber científico pode transcender as condições sociais e políticas do mundo no qual vive, para captar a "verdade" inerente ao objeto que estuda, Said comentou o seguinte:

> Portanto, o orientalismo não é um mero tema político de estudos ou campo refletido passivamente pela cultura, pela erudição e pelas instituições; nem é uma ampla e difusa coleção de textos sobre o Oriente. Nem é representativo ou expressivo de algum nefando complô imperialista "ocidental" para subjugar o mundo "oriental". É antes uma distribuição de consciência geopolítica em textos estéticos, eruditos, econômicos, sociológicos, históricos e filológicos; é uma elaboração não só de uma distinção geográfica básica (o mundo é feito de duas metades, o Ocidente e o Oriente), como também de toda uma série de "interesses" que, através de meios como a descoberta erudita, a reconstrução filológica, a análise psicológica e a descrição paisagística e sociológica, o orientalismo não apenas se cria como se mantém; ele é, em vez de casos controlar, manipular e até incorporar, aquilo que é um mundo manifestamente diferente (ou alternativo)... De fato, minha tese consiste que em que o orientalismo é – e não só representa – uma dimensão conside-

rável da cultura política e intelectual moderna, e como tal tem menos a ver com oriente que com "nosso" mundo [moderno].[10]

Aqui temos já *in nuce* a crítica do eurocentrismo que logo desenvolveram teóricos latino-americanos, como Dussel e Mignolo. De fato, um dos argumentos mais interessantes de Said é que a Europa moderna apresenta a si mesma sobre a crença de que a divisão geopolítica do mundo (centro e periferia) é legítima porque se funda em uma *divisão ontológica* entre as culturas. De um lado a "cultura europeia" (*the West*) representada como a parte ativa, criadora e doadora de conhecimentos, cuja missão é *levar* ou *difundir* a modernidade para todo o mundo; do outro lado estão todas as demais culturas (*the Rest*) retratadas como elementos passivos, receptores do conhecimento, cuja missão é "colher" o progresso e a civilização que *vem* da Europa. O característico do "ocidente" seria a racionalidade, o pensamento abstrato, a disciplina, a criatividade e a ciência; o resto das culturas foi visto como pré-racional, empírica, espontânea, imitativa e dominada pelo mito e a superstição.

O grande mérito de Said foi ter visto que os discursos das ciências humanas que construíram a imagem triunfalista do "progresso histórico" se sustentavam sobre uma maquinaria geopolítica de saber/poder, que declarou como "ilegítima" a existência *simultânea* de distintas "vozes" culturais e formas de produzir conhecimentos. Com o nascimento das ciências humanas, no século XVIII e XVIIII, assistimos à paulatina invisibilização da simultaneidade epistêmica do mundo. A expropriação territorial e econômica que a Europa exerceu nas colônias (colonialismo), corresponde, como enfatizarei adiante, a uma *expropriação epistêmica* (colonialidade) que condenou o conhecimento produzido por elas a ser, meramente, o "passado" da ciência moderna.

CONVULSÕES TEÓRICAS DO MARXISMO

Desde o começo, a forte pretensão crítica e desconstrutiva das teorias pós-coloniais foram vistas com suspeita pelos autores próximos do marxismo. O elemento que gerou essas desconfianças foi a clara filiação teórica e metodológica dos autores pós-coloniais com o modelo pós-estruturalista de Foucault, Deleuze, Lyotard e Derrida. As objeções contra este tipo de teorização "pós" foram sentidas com força no âmbito do marxismo, desde o final dos anos oitenta. O filósofo marxista Alex Callinicos[11] assinalou, por exemplo, que o pós-estruturalismo debilitava perigosamente a fé básica na racionalidade do mundo, que deixa sem chão qualquer tentativa política de transformação social. Se a realidade social trata-se de fato de uma *construção* (da linguagem, da ciência, do poder ou do desejo), como postulam os teóricos franceses, então já não é possível distinguir entre um programa político totalitário e um de oposição porque carecem de critérios objetivos para fazê-lo.[12] Por outro lado, tampouco poderíamos denunciar as desigualdades provocadas pelo sistema capitalista, já que não seria possível opor a elas um modelo totalizante de "razão prática". Entretanto, o que parece desagradar mais a Callinicos é que, de uma visão pós-estruturalista, o marxismo fica reduzido a ser mais um dos "grandes relatos" que legitimaram a ciência moderna (Lyotard), um discurso que se move como peixe n'água da "episteme do século XIX" (Foucault), ou uma narrativa "orientalista" que serviu para legitimar o colonialismo britânico na Índia (Said).

Esses pontos se encontram no centro da crítica das teóricas pós-coloniais realizadas pelos marxistas, como Aijaz Ahmad, professor de Nehru Memorial Museum, na Nova Dehli. Em sua leitura do *Orientalismo*, Ahmad reprova o "giro metodológico" que realiza Said, de Marx até Foucault.[13] O problema reside quando, ao desenvolver sua analítica do poder, Foucault abandonou a perspectiva marxista da economia política – com sua ênfase nas classes sociais e nas lutas de classes – e deslocou o foco de interesse até o âmbito (superestrutural) da produção de discursos. Esse "giro metodológico", na opinião de Ahmad, tem consequências funestas para a análise do colonialismo realizada por Said. Desligada das lutas sociais e econômicas que servem de sustento, os discursos se convertem numa espécie de seres metafísicos ou *epistemes* que possuem vida própria, tal como criticou Marx os jovens hegelianos em *A ideologia alemã*. Por isso, Said pôde apresentar o "Orientalismo" como um conjunto de discursos que atravessa por completo a história do ocidente, desde os gregos até a modernidade, passando por Homero, Ésquilo, Dante, Marx e Joseph Conrad.[14] O crítico palestino, mais que com Foucault, encontra-se em dívida com pensadores como Heidegger e Derrida, e seu conceito de *logos trans-histórico* que "constitui" o devir mesmo da cultura ocidental;[15] o colonialismo fica assim despojado de seus referentes históricos concretos e subsumido na estrutura ontológica própria do ocidente. Pareceria ser, afirma Ahmad, que o orientalismo produz o colonialismo, não o contrário,[16] já que, de acordo com Said, este se *fundamenta* na divisão ontológica entre oriente e ocidente.

Um segundo problema, estreitamente relacionado com o anterior, é o das consequências políticas do *Orientalismo*. Ahmad, como Habermas, pensa que as teorias de Foucault e Derrida, que constituem a fonte teórica e metodológica do livro, possuem um caráter abertamente "reacionário" devido à crítica da razão que nelas se manifesta. Pareceria, como já enfatizou Callinicos, que não existe nenhuma diferença entre a realidade e sua representação narrativa, que haveríamos perdido qualquer possibilidade de chegar "às coisas mesmas", e que a razão se encontra extremamente ligada às máscaras do poder, da linguagem e do desejo. Ahmad considera que se a realidade é apenas um conjunto de "metáforas, metonímias e antropomorfismos",[17] como afirmou Nietzsche, então se eliminaria a possibilidade de articular qualquer tipo de luta pela transformação "real" do mundo. Essa forma de irracionalismo epistemológico explica o motivo de Said ter rejeitado qualquer tipo de referência à realidade das lutas sociais que oferecem e ofereceram resistência ao colonialismo nos países orientais:

> Um aspecto notável do Orientalismo é que este examina a história dos textos ocidentais sobre as [sociedades] não ocidentais sem levar em conta o modo como esses textos foram recebidos, aceitos, modificados, desafiados, descartados ou reproduzidos pela intelectualidade dos países colonizados: não como uma massa indiferenciada, mas como agentes sociais concretos situados em conflitos, contradições e posições diferentes de classe, gênero, região, filiação religiosa etc... Uma das maiores queixas [de Said] é que desde Ésquilo adiante o Ocidente representou o Oriente sem permitir que o Oriente se represente a si mesmo... Mas o que resulta extraordinário é que com exceção da própria voz de Said, as únicas vozes que encontramos no livro são, precisamente, aquelas do cânon Ocidental que são acusadas de haver silenciado o Oriente. Quem está silenciando a quem, quem está recusando a permitir um encontro entre a voz do assim chamado "orientalista" e as muitas vozes suprimidas pelo Orientalismo, são perguntas que achamos muito difícil de responder quando lemos este livro.[18]

Mas se não pode existir nenhuma resistência possível frente ao poder do logocentrismo, se o poder colonial se encontra mesmo inscrito no seio da civilização ocidental, se tudo nela não é outra coisa que "repetição e diferença", se o "Orientalismo" é uma "máquina infernal", então qual é o propósito do livro de Said? Ahmad respondeu esta pergunta levantando a típica suspeita marxista: o pós-colonialismo de Said, Bhabha e Spivak – como o pós-estruturalismo de Foucault, Deleuze e Derrida – é uma ideologia que oculta interesses de classe no mundo marcado pelo triunfo do capitalismo neoliberal. Neste caso, trata-se de uma nova classe intelectual de imigrantes que trabalham em universidades de elite nos Estados Unidos, sobretudo em alguns departamentos das humanidades e ciências sociais; são acadêmicos asiáticos, africanos ou latino-americanos procedentes da classe alta em seus países de origem, que desfrutam de apresentar a si mesmos como "intelectuais pós-coloniais". Isto além de demonstrar um sofisticado manejo das teorias francesas de vanguarda, visando a alta aceitação no competitivo meio acadêmico do Primeiro Mundo[7]. Nenhum outro livro, exceto *Orientalismo*, pode expressar melhor o desejo desta nova classe acadêmica, o que explica o seu êxito imediato.

Em contrapartida, a "suspeita marxista" de Ahmad não se detém neste ponto. Em sua opinião não resulta casual que, em 1978, o ano do lançamento do *Orientalismo*, chegaram ao fim as lutas revolucionárias no Terceiro Mundo e que a Inglaterra e os Estados Unidos começaram a se perfilar como os únicos donos do capital internacional. Neste ano, Reagan e Thatcher anunciam ao mundo as mais reacionárias das ideologias políticas contemporâneas: o neoliberalismo. Ahmad parece estar convencido de que esse novo demônio foi "inventado" pelos países anglo-saxões com o propósito de se desfazer de todos os marxistas; por isso, se estabelece um "vínculo ideológico" entre a hegemonia que começa a adquirir a nova teoria francesa na academia norte-americana e o alcance global da nova direita no mundo inteiro.[19] Nada melhor para os interesses do neoliberalismo que promover um tipo de teoria onde a hibridez, o *border crossing* e os fluxos de desejo se encontram no centro das atenções; nada melhor para silenciar os inimigos do sistema que a crítica radical a conceitos como "luta de classes", "ideologia", "modos de produção" e "consciência de classe", realizada por Said, Foucault e toda a horda de "anti-humanistas nietzschia-

---

7 Segundo Ahmad (1999:122) "os pós-colonialistas têm uma relação tipicamente colonial com o saber europeu: o que era original e inovador na Europa volta a estar em cena, para o consumo do Terceiro Mundo, como imitação e pastiche. Normalmente isto não teria importância. Mas, como disse, o que é significativo é a legitimação norte-americana, que o faz suficientemente poderoso como para se apropriar de todos os tipos de objetos culturais e lealdades intelectuais de muitas áreas do Terceiro Mundo, igualmente como as corporações multinacionais dos Estados Unidos se apropriam do mais-valor do mundo apesar de que sua contribuição à produção significativa seja relativamente pequena".

nos".[20] A prioridade número um do sistema capitalista na década de 1980, parece crer Ahmad, era "desfazer-se de Marx" como referente teórico e intelectual capaz de mobilizar os setores descontentes do Primeiro Mundo. E nada mais profícuo que as teorias pós-coloniais para dar cabo deste objetivo!

Alguns aspectos das críticas de Ahmad foram retomados por outros teóricos marxistas nos Estados Unidos, como Arif Dirlik, professor do Departamento de História, da Duke University. Mesmo que as teorias pós-coloniais tenham denunciado como o eurocentrismo permeia grande parte das representações metropolitanas sobre o "outro", e marca os paradigmas do século XIX das ciências humanas, Dirklik[21] conjectura que a crítica ao eurocentrismo já não é suficiente (se é que alguma vez o foi) para elaborar uma *teoria crítica do capitalismo*. Nas condições atuais de globalização, o modo de produção capitalista se desligou de suas "origens" europeias de tal forma que a narrativa do capitalismo já não coincide com a narrativa da história da Europa;[22] tampouco basta para denunciar as exclusões locais em términos de gênero, raça e produção de imaginários. Sem uma teoria que dê conta do modo como essas exclusões operam, num contexto mais amplo do capitalismo global, a crítica pós-colonialista poderia estar contribuindo para reforçar a ideologia legitimadora do sistema.[23] Diante desta falência teórica e política, "o marxismo aparece como um indispensável recurso teórico para entender as forças que estruturam a condição pós-moderna, a qual não deve ser divorciada das mudanças estruturais trazidas pelo capitalismo global."[24] Encontramo-nos, de novo, diante de uma defesa apaixonada do marxismo contra seu principal "usurpador" contemporâneo, o pós-modernismo e sua mais recente versão da moda entre intelectuais terceiro-mundistas do primeiro mundo: o pós-colonialismo.

Porém, o marxismo que defende Dirlik não equivale, simplesmente, a um chamado para "regressar a Marx" (*zurück zu Marx*), como colocou Callinicos. Dirlik reconhece que, obcecado pelas condições socioeconômicas,[25] o marxismo tradicional não pode ver a importância dos fatores culturais para o desenvolvimento e consolidação da hegemonia econômica ocidental no mundo: "O pós-colonialismo é a resposta a uma necessidade genuína: a necessidade de superar a crise produzida pela incapacidade das velhas categorias [marxistas] para dar conta do mundo [contemporâneo]."[26] Sob outra perspectiva, afirma-se que o pós-colonialismo cometeu o mesmo erro que disse criticar: a mistificação da cultura. Seu rechaço dos "metarrelatos" universalistas que nomeiam de "totalidade" – entre eles, o marxismo – produziu o fenômeno contrário: a totalidade não nomeada (o capitalismo global) entra pela porta dos fundos e coloniza a epistemologia das teorias pós-coloniais, convertendo-as naquilo que elas mesmas pretendem distanciar. O minimalismo discursivo das teorias pós-coloniais desliga a cultura de seus condicionamentos materiais globais e a mistifica, ocultando seus vínculos com o modo de produção capitalista:

> Os críticos assinalaram que apesar de sua insistência na historicidade e da diferença, o pós-colonialismo repete em seu desenvolvimento as tendências a-historicistas e universalizantes do pensamento colonial... O pós-colonialismo termina, então, por imitar metodologicamente a epistemologia colonial que busca rechaçar. As soluções que oferece – o individualismo metodológico, o isolamento despolitizante do social frente a seus domínios materias, uma visão das relações sociais que resulta ser um extremo voluntarismo, o rechaço a qualquer tipo de política pragmática – não nos parece radicais, subversivas e emancipadoras. Elas são, pelo contrário, conservadoras e implicitamente autoritárias.[27]

O problema que assinala Dirlik é, portanto, o mesmo de Foucault: as teorias pós-coloniais concentraram a crítica do essencialismo epistemológico da modernidade a nível microestrutural, mas esqueceram da análise das macroestruturas capitalistas que fazem possível a dita essencialização. Esse "esquecimento" também fez com que as teorias pós-coloniais se detivessem diante de suas próprias condições globais de produção. Retomando a crítica do seu colega Ahmad, Dirlik afirma que os intelectuais pós-coloniais são um exemplo fidedigno da nova distribuição do mercado de trabalho em tempos de globalização.[28] A população do Terceiro Mundo, presente agora no Primeiro, à maneira de diásporas imigrantes, converteram-se num grupo mais dinâmico da economia de países como Inglaterra e Estados Unidos. O trabalho dessas populações tornou crucial para o desenvolvimento da indústria das comunicações, do setor de serviços e da produção de bens simbólicos (indústria cultural), materializados em projetos de investigação financiados por institutos e corporações de ajuda ao desenvolvimento, publicações em grandes editoriais multinacionais, bolsas de estudo, programas acadêmicos em universidades formadoras de elite, etc. Nesta redistribuição do trabalho material e intelectual a nível global, se inscreve a produção das teorias pós-coloniais e os estudos culturais. Seus produtos intelectuais que exaltam a hibridez, a diferença e o multiculturalismo vendem muito bem no mercado internacional de símbolos e favorecem sem a pretensão da livre circulação de capital no marco da globalização neoliberal[8]. As teorias pós-coloniais, longe de representarem uma teoria crítica do capitalismo, resultaram em um dos seus melhores aliados.

ECOS E REFLEXOS LATINO-AMERICANOS

No contexto latino-americano, as críticas às teorias pós-coloniais se limitaram a repetir, com maior ou menor variação, as objeções anteriores. Isto parecia ser um sintoma, entre outras causas, de um grande desconhecimento que reina na academia latino-americana a respeito dos temas abordados por essas teorias e seus principais autores. *Orientalismo*, por

---

8 "Os intelectuais pós-coloniais, na sua localização institucional do Primeiro Mundo, localizaram-se em posições de poder não somente frente aos intelectuais 'nativos' de seus países de origem, mas, também, frente seus vizinhos do Primeiro Mundo. Meus vizinhos [estadunidenses] em Farmville, Virginia, não se comparam em poder com os altos salários e o prestigio de que gozam os intelectuais pós-coloniais em Colombia, Duke, Princeton ou na Universidade da Califórnia" (Dirlik 1997:65).

exemplo, foi publicado por uma pequena editora espanhola em 1990, e só recentemente contou com uma segunda edição no mercado, muito embora seja árduo encontrar uma cópia, inclusive nas melhores bibliotecas. Até onde tenho notícia, nenhum dos livros de Ranajit Guha, Dipesh Chakrabarty ou Gayatri Spivak foram traduzidos para o espanhol, e dispomos de poucas ontologias de textos que permitam obter uma visão sequer panorâmica desses debates[9]. Quiçá devido a essas poucas referências que existem em nosso meio, as teorias pós-coloniais fazem eco dos debates *nos Estados Unidos*.

Um exemplo é a crítica da pensadora chilena Nelly Richard, que reprova o gesto de falar *sobre* o colonialismo na América Latina *estando* na academia norte-americana, com o argumento de que os discursos ali produzidos refletem a nova "lógica cultural" do capitalismo global:

> O tema do latinoamericanismo recoloca em cena a tensão entre o global e o local, o central e o periférico, o dominante e o subordinado, o colonizador e o colonizado, desta vez articulado pela academia como máquina de produção e validação internacional da teoria pós-colonial que, entre outras funções, mediatiza o intercâmbio de mercadorias culturais do capitalismo global nas zonas periféricas... A hierarquia do Centro não só se fundamenta na máxima concentração de meios e recursos, nem no monopólio de sua distribuição econômica. A autoridade que exerce o Centro como faculdade simbólica procede dos investimentos de autoridade que os habilitam para operar a função-centro... A autoridade teórica da função-centro reside neste monopólio de poder de representação segundo o qual "representar" é controlar os meios discursivos que subordinam o objeto de saber a uma economia conceitual declarada superior... Qual é o cenário, então, no que se debate hoje o latino-americano? Um cenário marcado pela insidiosa complexidade da nova articulação pós-colonial feita de poderes intermediários que transitam entre a centralidade descentrada na metrópole, por um lado, e a resignação cultural da periferia, conflitivamente agenciada pela teoria metropolitana da subalternidade.[29]

---

9 Para recepção deste debate na América Latina ver Rivera Cusicanqui e Barragán, eds. (s.d) e Dube (1999).

A crítica chilena lamenta que já não seja possível articular uma teoria latino-americana que não passe por essa trama conceitual dos discursos acadêmicos norte-americanos, os quais, em sua opinião, constituem uma nova subordinação cultural da periferia, desta vez exercida na forma de produção de imagens *sobre* a América Latina. Em outras palavras, a prática acadêmica teatralizada pela *teaching machine* dos Estados Unidos das teorias pós-coloniais contradiz o conteúdo do seu próprio discurso, posto que joga com uma nova forma de colonialismo intelectual. Segundo Richard, a nova hegemonia da indústria cultural norte-americana permite que os estudos culturais e as teorias pós-coloniais sejam globalizadas e apresentadas como uma nova vanguarda teórica sobre "o latino-americano"; entretanto, na realidade, esta se encena ao passo da dominação econômica, política e militar dos Estados Unidos no marco da Nova Ordem Mundial. Como se pode observar, a crítica de Richard faz eco aos argumentos de Dirlik, Callinicos e Ahmad, ainda que não de uma perspectiva marxista[10].

De uma perspectiva não marxista, também, move-se a crítica do antropólogo Carlos Raynoso, em seu livro *Apogeo y decadência de los estudios culturales.*[30] O núcleo da crítica de Raynoso não é tanto político, mas epistemológico. Em sua opinião, as teorias pós-coloniais depredaram preguiçosamente as conquistas metodológicas das disciplinas tradicionais e não fizeram absolutamente nenhuma contribuição ao conhecimento do fenômeno do colonialismo. Pelo contrário, os teóricos pós-coloniais ocultam sua ignorância da ciência social mediante uma sofisticada retórica que utilizam com propósitos políticos. Trata-se, então, de um grupo de farsantes – de "impostores intelectuais", como denunciou

---

10 Diferente de Dirlik e Admad, Richard não elabora uma "teoria da totalidade", mas a articulação de uma análise cultural que apareça "microexperiências"; trata-se, assim, de uma teoria antisistêmica e antidisciplinar capaz de tocar as políticas do trabalho intelectual vigentes na academia (Richard 1998:256-268).

Sokal – que se apresentam como cientistas sociais para abrir passos até a academia do Primeiro Mundo. Para legitimar sua fachada científica, os teóricos pós-coloniais se apropriam do jargão ininteligível do pós-estruturalismo francês e constroem uma monstruosa colcha de retalhos desprovida do mínimo rigor metodológico. No tocante ao caso de Gayatri Spivak e Homo Bhabha, curiosamente, professores de inglês nos Estados Unidos apelam a uma compulsiva sintaxe para apresentar ao público suas "novas" teorias. Irremediavelmente viciados na obscura retórica de Lacan e Derrida, os pensadores nativos torturam seus leitores com um "jargão marciano" e, além disso, orgulham-se de ser progressistas e de se situar junto aos setores subalternos. Para Raynoso, resulta impossível encontrar nessa "geringonça" vestígios de rigor metodológico, havendo, somente "um arrebato de abstrações não especializadas, quase ideográficas em vez de analítica."[11][31].

Diferente de Richard e Raynoso, a crítica do sociólogo argentino Eduardo Grüner se articula desde uma posição marxista. Para Gruner, a diferença dos autores já considerados, os estudos culturais, em particular as teorias pós-coloniais

> [...] constituem um inteligente conjunto de práticas de leitura, fundamentalmente, preocupadas com a análise de formas culturais que refletem, mediatizam, ou, inclusive, denunciam as múltiplas relações de subordinação e dominação.[32]

As teorias pós-coloniais são capazes de ter um papel fundamental para a reconstrução da *teoria crítica*, o marxismo continua sendo "uma matriz de pensamento absolutamente vigente para examinar nossa época" (Grüner 2002:35, 39), mas necessita, com urgência, da perspectiva cultural oferecida pelos novos campos emergentes. Mesmo assim, as teorias

---

11 Grüner (2002:42) menciona, brevemente, o trabalho de Dussel, mas, sem suspeitar sequer que, como mostrarei em seguida, ele foi fundamental para a realização do programa teórico que ele anuncia!

pós-coloniais padecem com alguns problemas teóricos e metodológicos que são necessários corrigir.

Em primeiro lugar – essa argumentação foi formulada por Dirlik – as teorias pós-coloniais se concentraram na crítica da *colonialidade*, descuidando da análise de suas condições materiais, ou seja, o *colonialismo*. Isso conduz ao perigo de "culturalizar" o colonialismo, fazendo dele um conceito abstrato e metafísico, além, é claro, de despolitizar a teoria pós-colonial. Para corrigir esse defeito:

> Não só é necessário contar com uma teoria geral da história e uma perspectiva particular de onde elaborá-la (como pode ser a teoria e a perspectiva da plataforma do colonialismo) mas, também, como ferramenta para uma análise concreta das etapas, períodos e movimentos dessa história em função de suas coordenadas econômicas, sociais e políticas, ferramenta que provê a teoria – e o estudo histórico – do modo de produção capitalista como sistema constitutivamente mundial de dominação. A ausência desse suporte mais "duro" na teoria pós-colonial recente (e frequentemente) as suas análises do discurso (post) colonial na medida em que tal ausência, combinada com sua remissão na "alta teoria" pós-estruturalista francesa, produz um inevitável deslizamento até os excessos de abstração "fragmentária" e, paradoxalmente, des-historiza a filosofia "post".[33]

Essa "teoria geral da história", que Grüner propõe como "suporte mais duro" das teorias pós-coloniais e que poderia evitar seu "deslizamento até os excessos da abstração fragmentária", diz respeito à análise sistema-mundo, em sua versão apresentada por Immanuel Wallerstein e, principalmente, por Samir Amim.[34] A análise do sistema-mundo deveria constituir "algo assim como a base econômica da superestrutura 'cultural' representada pela teoria pós-colonial."[35] Em outras palavras, somente em um horizonte de um grande relato totalizador, que tenha em conta as "coordenadas econômicas, sociais e políticas" do sistema mundial capitalista de uma perspectiva histórica – isto é, capaz de analisar "as etapas, períodos e movimentos da história" – poderiam as teorias pós-coloniais realizarem o seu propósito anunciado de estampar uma teoria crítica da cultura. De um lado teríamos, então, uma teoria marxista das estruturas socioeconômicas desenvolvidas pelo capitalismo no nível planetário, e do outro uma teoria do modo da colonialidade "sobredeterminada" – para dizer nas palavras de Althusser – estas estruturas em um nível local ou regional.[36] Marxismo e pós-colonialismo se uniriam, desta maneira, numa síntese grandiosa para gerar um diagnóstico totalizante do sistema capitalista, que abarcasse tanto o "moderno" quanto o seu lado "colonial".

Resulta fácil ver de que modo Gründer dá um passo adiante com relação aos seus colegas marxistas do Primeiro Mundo seu mérito consiste em se desligar da "grande suspeita" que viam nas teorias pós-coloniais e nos estudos culturais, tão somente como um "reflexo ideológico" do neoliberalismo contemporâneo. Diante da visão apocalíptica – muito comum, aliás, em certos setores da esquerda – do neoliberalismo como uma espécie de "monstro" que controla a produção acadêmica do Primeiro Mundo, Grüner responde com serenidade. Assevera não estar de acordo com todas as críticas de Dirlik e Ahmad,[37] por considerar que as teorias pós-coloniais, independentemente de sua inscrição na academia metropolitana, levam consigo um potencial de se converterem em um "grande relato crítico". Por outro lado, Grüner se dá conta da necessidade de corrigir as tendências microestruturais e, às vezes, demasiado culturalistas da análise pós-colonial, vinculando-as a uma teoria macroestrutural que visualiza a modernidade e a colonialidade como *duas faces complementares, pertencentes a um mesmo "sistema-mundo"*.

Não obstante, o programa teórico tão agudamente anunciado por Grüner, como se fosse uma grande novidade, tropeça com um obstáculo "impensado" pelo seu autor, e que me parece sintomático do que ocorre em nossas academias periféricas: *trata-se de um programa já realizado por teóricos latino-americanos*. A ignorância que manifesta Grüner com respeito ao trabalho de seus próprios colegas latino-americanos é surpreendente, pois ele reconhece a importância de "pensar a partir da América Latina". Além disso, Grüner sabe muito bem que "pensar a América Latina, não é um pensar a partir do nada, como se esse pensamento começasse conosco", pelo contrário, antes "se trata de reapropriar criticamente do que foi pensando desde sempre".[38] Nesse sentido, o curioso é que o próprio Grüner, em sua típica atitude eurocêntrica, começa por "reapropriar criticamente" as teorias pós-coloniais *anglo-sazonais* sem se preocupar sequer em examinar o trabalho de seus colegas da América Latina, alguns deles, também, argentinos, tal como Walter Mignolo e Enrique Dussel[12].

A "DES-CONSTRUÇÃO" DO MITO DA MODERNIDADE

Ainda que a inserção sistemática de teóricos latino-americanos no debate internacional sobre o pós-colonialismo gestou-se primeiro nas universidades dos Estados Unidos, isso não significa que, ao menos neste caso, a teorização pós-colonial tenha se realizado dos Estados Unidos para a América Latina, como suspeita Dirlik, Richard e Ahmad. Esses críticos ignoram que boa parte do arsenal que alimenta a teorização latino-americana sobre o pós-colonial surgiu em países como México, com as obras pioneiras do historiador Edmundo O'Gorman e o sociólogo Pablo González Casanova, no Brasil com os trabalhos do antropólogo Darcy Ribeiro, e na Argentina com *Filosofia da libertação* desenvolvida por Enrique Dussel, na década de 1970. Não foram influências teóricas como as de Foucault, Deleuze e Derrida que animaram algumas dessas obras, mas, sim, o desenvolvimento próprio das ciências sociais na América Latina, em particular a teoria da dependência. Os críticos ignoram, além disso, que vários dos personagens atuais desse debate não são acadêmicos para a *teaching machi-*

---

12 Grüner (2002:42) menciona, brevemente, o trabalho de Dussel, mas, sem suspeitar sequer que, como mostrarei em seguida, ele foi fundamental para a realização do programa teórico que ele anuncia!

ne estadunidense, mas professores, professoras e ativistas que vivem e trabalham na América Latina.

Seguindo esse raciocínio, reconstruirei o debate *Latino Americano*, a começar pela crítica da filosofia da libertação ao eurocentrismo, para só então avançar até o modo como esse é retomado por autores como Walter Mignolo e Aníbal Quijano. O propósito orgânico é mostrar que esses estudiosos não só afirmam o programa enunciado por Grüner e se desmarcam das críticas "marxistas" mencionadas, mas também retomam e corrigem alguns dos argumentos centrais colocados por Said, prosseguindo até uma *teoria da modernidade/ colonialidade* e do papel posto por elas nas ciências humanas.

A crítica ao eurocentrismo, elemento central das teorias pós-coloniais, foi também um dos pilares da filosofia da libertação desenvolvida por Enrique Dussel. Desde a década de 1970, Dussel se submeteu a demonstrar que a filosofia moderna do sujeito se concretiza em uma práxis conquistadora. Partindo da crítica de Heidegger à metafísica ocidental, Dussel elucidou que o pensamento europeu moderno, incluindo o de Marx, desconheceu que o pensamento está vitalmente ligado com a cotidianidade humana (o "mundo da vida"), e que as relações entre pessoas não podem ser vistas como relações entre um sujeito racional e um objeto de conhecimento.[39] A relação sujeito-objeto criada pelo pensamento moderno, explica, segundo Dussel, a "totalização" da Europa, haja vista que bloqueia, de entrada, a possibilidade de um intercâmbio de conhecimento e de formas de produzir conhecimento entre diferentes culturas. Entre o "sujeito" que conhece e o "objeto" conhecido, somente pode existir uma relação de exterioridade e assimetria. Por isso, a "ontologia da totalidade", característica central da civilização europeia, olhou tudo que não pertence a ela (a "exterioridade") como "carência de ser" e "barbárie", ou seja, como natureza bruta que necessita ser "civilizada". Desse modo, a eliminação da alteridade – incluindo a alteridade epistêmica – foi a "lógica totalizadora" que começou a se impor sobre as populações indígenas e africanas a partir do século XVI, tanto pelos conquistadores espanhóis como por seus descendentes crioulos.[40]

A primeira grande tarefa de um pensamento crítico, libertador e pós-colonial é a "desconstrução" – no sentido heideggeriano – da ontologia que fez possível a dominação colonial europeia sobre o mundo. Somente "da ruína da totalidade surge a possibilidade da filosofia latino-americana."[41] No final da década de 1970 o filósofo argentino formulou seu projeto com as seguintes palavras:

> É necessário, primeiro, destruir uma máquina para construir uma nova filosofia latino-americana, por muito tempo, todavia, tem que ser a destruição do muro para que pela brecha possa passar um processo histórico... Para descobrir novas categorias com as quais nos seja possível pensarmos a nós mesmos há que começar por falar como os europeus e, a partir disso, provar suas limitações, destruir o pensamento europeu para dar lugar ao novo. Portanto, durante muito tempo temos que falar com a Europa e conhecer muito a fundo o que eles pensam, porque do contrário passamos para seu lado sem quebrarmos o muro.[42]

Mais recentemente Dussel reformulou seu projeto teórico de maneira criativa. O "muro" que é necessário demolir (e que se estenderia dos gregos até o presente) já não é concebido em termos de uma "totalidade ontológica", ao estilo de Heidegger, mas como um "paradigma" que tem um nome concreto: o mito eurocêntrico da modernidade. Esse mito, na opinião de Dussel, surgiu com o descobrimento da América e foi dominante desde então, assumindo diferentes formas, em nosso entendimento teórico e prático do que significa modernidade. O paralelo com o desenvolvimento do pensamento de Said resulta, nesse ponto, interessante. Da mesma forma que o teórico palestino, o primeiro Dussel tentou explicar o colonialismo moderno a partir de uma "estrutura de pensamento" que teve suas origens na Grécia e se estendeu, sem fissuras, pela história do Ocidente. Todavia, logo o Dussel dos anos 1990 deixou de lado essa marca meta-histórica – que os críticos marxistas reprovavam, com razão, a

Said – para trabalhar com *uma análise histórica do colonialismo* moderno de uma perspetiva ética e epistemológica.

A nova tese de Dussel é que, a partir do século XVIII, a modernidade desenvolveu uma visão de si mesma, um mito sobre suas próprias origens que possui uma marca claramente eurocêntrica.[43] De acordo com esse mito, a modernidade seria um fenômeno *exclusivamente europeu* originado durante a Idade Média e que, em seguida, a datar de experiências *intraeuropeias*, como o Renascimento italiano, a Reforma Protestante, o Esclarecimento e a Revolução Francesa, difundiu-se, inevitavelmente, por todo o mundo. A Europa possui *qualidades internas únicas* que permitiram-na desenvolver a racionalidade científico-técnica, a qual explica a superioridade de sua cultura sobre todas as demais. Destarte, o mito eurocêntrico da modernidade seria a pretensão que identifica a particularidade europeia com a universalidade, nada mais. Por isso, o mito da modernidade implica o que Dussel chama de "falácia desenvolvimentista", segundo a qual todos os povos da terra deveriam seguir as "etapas do desenvolvimento" marcadas pela Europa, com o fim de obter sua emancipação social, política, moral e tecnológica. A civilização europeia é o "telos" da história mundial.[44]

Frente a esse modelo hegemônico de interpretação, Dussel propõe um alternativo que é denominado "paradigma planetário": a modernidade é, por si só, a cultura do "centro" do sistema-mundo, e surgiu como resultado da *administração desta centralidade* por parte de diferentes países europeus entre o século XVI e XIX. A modernidade não é um fenômeno Europeu, mas mundial, que possui uma data exata de nascimento: 12 de outubro de 1492. Nas palavras de Dussel:

> A modernidade não é um fenômeno que pode se predicar da Europa considerada como um sistema independente, mas de uma Europa concebida como centro. Essa simples hipótese transforma por completo o conceito de modernidade, sua origem, desenvolvimento e crise contemporânea, e por conseguinte, também, o conteúdo da modernidade tardia ou

pós-modernidade. De maneira adicional queria apresentar uma tese que qualifica a anterior: a centralidade da Europa no sistema-mundo não é fruto de uma superioridade interna acumulada durante o medieval europeu sobre e contra as outras culturas. Trata-se, em vez disso, de um efeito fundamental do simples feito do descobrimento, conquista, colonização e integração (subsunção) Ameríndia. Esse simples feito deu à Europa a vantagem comparativa determinante sobre o mundo otomano-islâmico, Índia e China. A modernidade é o resultado desses eventos, não sua causa. Por conseguinte, a administração da centralidade do sistema-mundo permitiu à Europa se transformar em algo assim como a "consciência reflexiva" (a filosofia moderna) da história mundial... O capitalismo, ainda, é o resultado e não a causa dessa conjunção entre a planetarização europeia e a centralização do sistema-mundo.[45]

Esse paradigma alternativo desafia a visão dominante, segundo a qual a conquista da América não foi um elemento constitutivo da modernidade porque se assentou em um fenômeno puramente intraeuropeu, como a Reforma Protestante, o surgimento da nova ciência e a Revolução Francesa. Espanha e suas colônias de ultramar haveriam ficado fora da modernidade, dado que nenhum desses fenômenos tiveram lugar ali. Por outro lado, seguindo Wallerstein, Dussel mostra que a modernidade europeia se edificou sobre uma materialidade específica, criada desde o século XVI, com a expansão territorial espanhola. Isso gerou a abertura de novos mercados, a incorporação de fontes inéditas de matéria-prima e de formas de trabalho que permitiram o que Marx denominou como "acumulação originária de capital". O sistema-mundo moderno começou com a constituição simultânea da Espanha como "centro" frente à sua "periferia" colonial hispano-americana. A modernidade e o colonialismo foram, então, fenômenos mutuamente dependentes. Não há modernidade sem colonialismo e não há colonialismo sem modernidade, pois a Europa somente se fez "centro" do sistema-mundo quando constituiu as suas colônias de ultramar como "periferias".

Até aqui Dussel pareceria seguir próximo aos apontamentos da análise do sistema-mundo desenvolvidos por Wallerstein, cumprindo, desta forma, as expectativas levadas pelo compatriota Eduardo Grüner. Todavia, a análise mais desenvolvida mostra que Dussel não está simplesmente "inscrevendo" sua crítica ao colonialismo nos parâmetros da teoria wallersteiniana do sistema-mundo: o pensador argentino está "lendo" Wallerstein com base na *Filosofia da libertação*, a qual terá importantes consequências para o pensamento latino-americano sobre a colonialidade. Talvez o "desvio" mais importante de Dussel frente à Wallerstein seja a tese de que a incorporação da América como primeira periferia do sistema-mundo moderno não só representou a possibilidade de uma "acumulação originária" nos países do centro, mas também gerou as primeiras manifestações culturais de ordem propriamente mundial, o que Wallerstein nomeou como uma espécie de "geocultura". Isso significa que a primeira "cultura" da modernidade-mundo, entendida como um sistema de símbolos de ordem ritual, cognitivo, jurídico, político e axiológico pertencentes ao sistema mundial em expansão, *teve seu centro na Espanha*[13]. O mundo hispano-americano dos séculos XVI ao XVIII não só "forneceu" ao sistema-mundo mão de obra e matéria-prima, como pensou Wallerstein, como também propiciou os fundamentos epistemológicos, morais e políticos da modernidade cultural.

Dussel identificou duas modernidades: a primeira havia se consolidado durante os séculos XVI e XVII e correspondeu

---

13 Isto não significa que antes de 1492 não se estivesse gestando processos de modernização cultural em outros lugares da Europa: "De acordo com a minha tese central, 1492 é a data do nascimento da modernidade, se bem que sua gestação envolve um processo de crescimento intrauterino que o procede. A possibilidade da modernidade se originou nas cidades livres da Europa medieval, que eram centros de enorme criatividade. Mas, a modernidade como tal nasceu quando a Europa estava em uma posição que podia colocar a si mesma contra um outro, quando, em outras palavras, a Europa pode se autoconstruir colonizando uma alteridade que lhe devolvia uma imagem sobre si mesma (Dussel 2001:58).

ao *ethos* cristão, Humanista e Renascentista que floresceu na Itália, Portugal, Espanha e suas colônias americanas.[46] Essa modernidade foi administrada globalmente pela primeira potência hegemônica do sistema-mundo (Espanha) e gerou, além de *uma primeira teoria crítica da modernidade*[14], uma primeira forma de *subjetividade moderna-colonial* também. Dussel conceitualiza essa subjetividade em termos filosóficos (tomados do pensamento de Lévinas) e a descrição como um "eu conquistador", guerreiro e aristocrático que estabelece frente ao "outro" (o índio, o negro, o mestiço americano) uma relação excludente de domínio[15]. O *Ego conquiro* da primeira modernidade constituiu a proto-história do *Ego cogito*, deslocado da segunda modernidade,[47] esta última que se autorrepresentou ideologicamente como única modernidade começou apenas no final do século XVII, com o colapso geopolítico da Espanha e o surgimento de novas potências hegemônicas (Holanda, Inglaterra, França). A administração da centralidade do sistema-mundo se realizou de outros lugares e respondeu a imperativos de eficácia, biopolítica e racionalização descritas admiravelmente por Max Weber e Michel Foucault. A subjetividade que ali se formou correspondeu ao surgimento da burguesia e a formação de um modo de produção capitalista.[48]

---

14 Dussel escreveu bastante sobre este tema. Sua argumentação central é que, em sua polêmica com Ginés de Sepúlveda até os meados do século 16, Las Casas descobriu pela primeira vez a irracionalidade do mito da modernidade, ainda que utilizando as ferramentas filosóficas de um paradigma anterior. A proposta de Las Casas – que Dussel assume, também, como sua – era "modernizar" o outro sem destruir sua alteridade, assumir a modernidade, mas, sem legitimar o seu mito. Modernização vinda alteridade e não da "mesmidade" do sistema (Dussel 1992: 110-117).

15 "O conquistador é o primeiro homem moderno ativo, prático, que impõe sua individualidade violenta a outras pessoas... A subjetividade do conquistador, por sua parte, foi-se constituindo, desligando, lentamente na práxis... O pobre fidalgo e agora capitão general. O ego moderno foi se constituindo" (Dussel 1992: 56-59).

O DISCURSO DA LIMPEZA DE SANGUE

A filosofia da libertação de Dussel inicia um diálogo crítico com a análise do sistema-mundo de Wallerstein, buscando integrar a crítica ao colonialismo dentro de uma perspetiva globalizante. O ponto central de divergência que assinala entre um projeto e outro é o que propõe Dussel a respeito do surgimento de uma *geocultura moderna* de corte hispânico *antes* da Revolução Francesa, mas não é algo sobre o qual tenha meditado o suficiente a filosofia da libertação. O pensador argentino Walter Mignolo foi quem desenvolveu uma crítica explícita às teses de Wallerstein, sob uma perspetiva pós-colonial e, ao mesmo tempo, assumiu criativamente as reflexões de Dussel ao redor do surgimento de uma subjetividade já propriamente moderna – ainda que não burguesa – no mundo hispânico.

Mignolo reconhece a importância do monumental livro *The Modern World-System* para o deslocamento epistemológico que se produziu na teoria social durante a década de 1970. Vinculando os aportes da teoria da dependência com os trabalhos de Braudel sobre o Mediterrâneo, Wallerstein conseguiu analisar a centralidade do circuito do Atlântico para a formação do sistema-mundo moderno no século XVI;[49] com isso o Mediterrâneo deixou de ser o eixo da história mundial como havia apresentado Hegel[16], e a Europa começou a ser "provincializada" no seio da teoria social. O importante agora não é o estudo da Europa como tal, mas, crucialmente, do "sistema mundo" com toda a sua variedade estrutural (centros, periferias e semiperiferias). Não obstante, o projeto de Wallerstein ainda concebeu as periferias nos termos de unida-

---

16 Vale a pena recordar aqui da famosa frase de Hegel: "as três partes do mundo mantem entre si uma relação essencial e constituem uma totalidade... O mar Mediterrâneo é o elemento de união destas três partes do mundo e elas se convertem em um centro (Mittelpunkt) de toda história universal... Sem o Mediterrâneo era imaginável a história universal" (Hegel 1980:178).

des geo-históricas e geoeconômicas, mas não geoculturais.[50] Mesmo que Wallerstein tenha acertado em assinalar que o sistema-mundo moderno começou ao redor de 1500, sua perspectiva foi eurocêntrica, todavia. A primeira geocultura desse sistema – o liberalismo – formou-se apenas no século XVIII na raiz da mundialização da Revolução Francesa. Deste modo, Wallerstein continuou preso ao imaginário construído pelos intelectuais europeus do esclarecimento, conforme os quais a segunda modernidade (séculos XVIII e XIX) é a modernidade por excelência,[51] assim, a geocultura da primeira modernidade permanece invisível em sua perspetiva.

Em seu livro *Local Histories/Global Designs*, Mignolo afirmou que a conquista da América significou a criação de uma nova "economia-mundo" (com a abertura do circuito comercial que unia o Mediterrâneo com o Atlântico) e, outrossim, a formação do primeiro grande "discurso" (no sentido de Said e Foucault) do mundo moderno. Em polêmica com Wallerstein, Mignolo argumentou que os discursos universalistas que legitimaram a expansão mundial do capital não surgiram durante os séculos XVIII e XIX sobre a base da Revolução Francesa na Europa, mas apareceram muito antes no "longo século XVI", coincidindo com a formação do "sistema-mundo moderno/colonial".[52] O primeiro discurso universalista dos tempos modernos não se uniu com a mentalidade burguesa liberal, mas, paradoxalmente, com a mentalidade aristocrática cristã, tratando-se, segundo Mignolo, do *discurso da limpeza de sangue*. Esse discurso operou no século XVI como o primeiro esquema de classificação da população mundial. Ainda que não tenha surgido no século XVI, gestando-se, lentamente, durante a Idade Média cristã, o discurso da pureza de sangue se tornou hegemônico graças à expansão comercial da Espanha até o Atlântico e o início da colonização europeia. Uma matriz classificatória pertencente a uma *história local* (a cultura cristã medieval europeia) se transformou em virtude da hegemonia mundial adquirida pela Espanha durante os séculos XVI e XVII, um *desenho glo-*

bal que serviu para classificar as populações de acordo com sua posição na divisão internacional do trabalho.

Portanto, o esquema cognitivo de classificação populacional, compreendido como o discurso da pureza de sangue, não foi produto do século XVI, e possuiu suas raízes na divisão tripartida do mundo sugerida por Heródoto, além de ter sido aceito pelos mais importantes pensadores da antiguidade: Eratóstenes, Hiparco, Polibio, Estrabón, Plinio, Marino e Tolomeo. O mundo era visto como uma grande ilha (o *orbis terrarum*) dividida em três grandes regiões: Europa, Ásia e África[17]. Mesmo que supusessem que nas antípodas, ao sul do *orbis terrarum*, poderiam existir outras ilhas, quem sabe, habitadas por uma espécie diferente de "homens", o interesse dos historiadores e geógrafos antigos centrou-se no mundo por eles conhecido e no tipo de população que hospedava essas três regiões principais. A divisão territorial do mundo se converteu na divisão populacional de índole hierárquica e qualitativa. Nessa hierarquia, a Europa ocupou o lugar mais eminente, já que seus habitantes eram considerados mais civilizados e cultos que os da Ásia e África, tendo os gregos e romanos como "bárbaros".[53]

Os intelectuais cristãos da Idade Média se apropriaram desse esquema de classificação populacional, introduzindo algumas modificações. Assim, por exemplo, o dogma cristão da unidade fundamental da espécie humana (todos os homens descendentes de Adão) obrigou a Santo Agostinho a reconhecer que, se chegasse a existir outras ilhas diferentes à *orbis terrarum*, seus habitantes, no caso de existir, não poderiam ser catalogados como "homens", porque os potenciais habitantes da "Cidade de Deus" poderiam ser encontrados somente na Europa, Ásia ou África.[54] Além disso, o cristia-

---

17 Para a caracterização da orbis terrarum e de sua influência na divisão populacional do mundo seguirei, basicamente, os argumentos desenvolvidos pelo filósofo e historiador mexicano Edmundo O'Gorman (1991). Mignolo apoia expressamente seu argumento no texto de O'Gorman (Mignolo 1995:17).

nismo reinterpretou a antiga divisão hierárquica do mundo. Por motivos agora teológicos, a Europa seguiu ocupando um lugar de privilégio diante da África e Ásia[18]. As três regiões geográficas eram vistas como o lugar onde se estabeleceram os três filhos de Noé, depois do dilúvio e, portanto, como habitadas por três tipos completamente distintos de gente. Os filhos de Sem povoaram a Ásia, os de Cam povoaram a África e os de Jafé povoaram Europa. As três partes do mundo conhecido foram ordenadas hierarquicamente segundo um critério de *diferenciação étnica*: os asiáticos e os africanos descendentes dos filhos que, segundo o relato bíblico, caíram em desgraça diante de seu pai, eram ditos como racial e culturalmente *inferiores* aos europeus, descendentes diretos de Jafé, o filho amado de Noé.

Mignolo assinalou que o cristianismo resignificou o antigo esquema da divisão populacional, fazendo-a funcionar como *taxonomia étnica e religiosa* da população[19], cuja dimensão prática começou a se mostrar apenas no século XVI.[55] Os viajantes de Colombo haviam posto em evidência que as novas terras americanas eram uma entidade geográfica distinta do *orbis terrarum*, o qual suscitou de imediato um grande debate

---

18 "Ainda que certamente a Europa não encarnava a civilização mais perfeita do ponto de vista técnico, econômico, científico e militar – tratava-se, ademais, de uma região pobre e "periférica" em relação a Ásia ao norte da África – assim era vista por muitos como a sede da única sociedade do mundo fundada na fé verdadeira. A civilização cristã ocidental era portadora da norma a partir de onde era possível julgar e valorar todas as demais formas culturais do planeta" (O'Gorman 1991:148).

19 Mignolo faz referência explícita ao famoso mapa T-O, de Isidoro de Sevilla. Este mapa usado pela primeira vez para ilustrar o livro Etimologiae, de Isidoro de Sevilla (560-636), representa um círculo dividido em três partes por linhas que formam um T. A parte de cima que ocupa a metade do círculo, representa o continente asiático (oriente) povoado por Sem, enquanto que a outra metade do círculo, a parte de baixo, está dividida em duas partes: a da esquerda representa o continente europeu povoado por Jafé e a direita representa o continente africano povoado por Cam (Mignolo 1995: 231).

em torno da natureza de seus habitantes e de seu território. Se somente a "ilha da terra" (a porção do globo que compreendia a Europa, Ásia e África) havia sido designada ao homem por Deus, para que vivesse nela depois da expulsão do paraíso, qual estatuto jurídico possuía, então, os novos territórios descobertos? Era o caso de terras que ficariam baixo a soberania universal do Papa e podiam, portanto, ser *legitimamente ocupadas* por um rei cristão? Se somente os filhos de Noé podiam acreditar serem descendentes diretos de Adão e pai da humanidade, qual estatuto antropológico possuíam os habitantes dos novos territórios? Eram seres carentes de alma racional e, por conseguinte, *legitimamente escravizados* pelos europeus? Seguindo O'Gorman, Mignolo alegou que os novos territórios e sua população não foram vistos, finalmente, como ontologicamente distintos a Europa, mas, antes disso, como sua *prolongação natural*:

> Durante o século XVI, quando a "América" começou a ser conceitualizada como tal, não pela coroa espanhola, mas por intelectuais do norte (Itália, França) estava implícito que a América não era nem a terra de Sem (o oriente) nem a terra de Cam (a África), porém, a prolongação da terra de Jafé. Não havia outra razão que a distribuição geopolítica do planeta colocada pelo mapa cristão T/O para perceber o mundo dividido em quatro continentes; e não havia nenhum outro lugar no mapa cristão T/O para a "América" que sua inclusão nos domínios de Jafé, isto é, no Ocidente. O ocidentalismo é, então, o mais antigo imaginário geopolítico do sistema-mundo moderno/colonial.[56]

O argumento de Mignolo é que a crença na superioridade *étnica* da Europa sobre as populações colonizadas estava localizada sobre o esquema cognitivo da divisão tripartida da população mundial e sobre o imaginário do *orbis universalis chriustianus*. A visão dos territórios americanos como uma "prolongação da terra de Jafé" fez com que a exploração de seus recursos naturais e a submissão militar das populações fosse moldada como "justa e legítima", pois somente da Europa podia vir à luz do conhecimento verdadeiro de Deus. Então, a evangelização foi um imperativo estatal que determinou por que razão unicamente os "velhos cristãos", isto é, os personagens que não se encontravam *mesclados* com judeus, mouros e africanos (povos descendentes de Cam ou de Sem) poderiam viajar e estabelecer legitimamente no território americano. O "novo mundo" se converteu no cenário natural para a prolongação do *homem branco europeu* e sua cultura cristã. O discurso de pureza de sangue é, de acordo com a interpretação de Mignolo, o primeiro imaginário geocultural do sistema-mundo que se incorporou no *habitus* da população imigrante europeia, legitimando a divisão étnica do trabalho e a transferência de pessoas, capital e matérias-primas *a nível planetário*.

É relevante destacar, todavia, que a leitura de Mignolo possui descontinuidades e diferenças com a teoria pós-colonial de Said. Da mesma forma que Said e contra Marx, Mignolo sabe que sem a construção de um discurso que pode se incorporar ao *habitus* de dominadores e dominados o colonialismo europeu haveria resultado impossível. Mas, diferente de Said, Mignolo não identificou esse discurso com o "orientalismo", mas com o "ocidentalismo", enfatizando a necessidade de inscrever as teorias pós-coloniais no interior de legados coloniais específicos (neste caso, o legado colonial hispânico)[20]. Com o seu apontamento do orientalismo como o discurso colonial *par excelencia*, Said pareceu se dar conta que os discursos sobre o "outro" gerados pela França e o Império Britânico correspondiam à *segunda* modernidade. Said não só desconheceu a hegemonia geocultural e geopolítica da Espanha durante os séculos XVI e XVII, mas acabou por endossar o imaginário do século XVIII (e eurocêntrico) da

---

20 "Tento enfatizar a necessidade de realizar uma intervenção política e cultural ao inscrever a teorização pós-colonial no interior dos legados coloniais particulares: a necessidade, em outras palavras, de inscrever o lado escuro do renascimento no espaço silenciado das contribuições latino-americanas e ameríndias... a teorização pós-colonial" (Mignolo 1995: xi).

modernidade esclarecida, denunciado por Dussel. Mignolo assinalou o seguinte, a este respeito:

> Não tenho a intenção de ignorar o tremendo impacto e a transformação interpretativa possível do livro de Said. Tampouco quero me unir a Aijaz Ahmad na sua devastadora crítica a Said, unicamente porque o livro não diz exatamente o que eu queria. Todavia, não tenho intenção de reproduzir aqui o grande silêncio que o livro de Said reforça: sem o ocidentalismo não há orientalismo, já que "as colônias maiores, ricas e antigas" da Europa não foram as orientais, mas as ocidentais: as Índias ocidentais e a América do Norte. "Orientalismo" é o imaginário cultural do sistema-mundo durante a segunda modernidade, quando a imagem do "coração da Europa" (Inglaterra, França, Alemanha) recoloca a imagem da "Europa cristã" do século XVI nos meados do século XVIII. Porém, o Ocidente não foi nunca o outro da Europa, mas uma diferença específica no interior de sua mesmidade: as Índias Ocidentais (como se pode ver no próprio nome) e logo a América do Norte (em Buffon, Hegel etc) eram o extremo ocidente, não sua alteridade. América, diferente da Ásia e África, foi incluída [no mapa] como parte da extensão europeia, e não como sua diferença. Esse é o motivo pelo qual, outra vez, sem ocidentalismo não há orientalismo.[57]

Contudo, e apesar das diferenças, se em algo se identificam os projetos teóricos de Mignolo e Said é na importância que outorgam ao âmbito da *colonialidade* para explicar o fenômeno do colonialismo. Tanto o orientalismo de Said como o ocidentalismo de Mignolo são vistos como imaginários culturais, como discursos que não só se objetificam em "aparatos" disciplinares (leis, instituições, burocracias coloniais), mas se traduzem em *formas concretas de subjetividade*. O orientalismo e o ocidentalismo não são simplesmente "ideologias" (no sentido restrito de Marx), mas *modos de vida*, estruturas de pensamento e ação incorporadas ao *habitus* dos atores sociais. A categoria "colonialidade" faz referência à esse âmbito simbólico e cognitivo, onde se configura a *identidade étnica* dos atores.

Mignolo teve sucesso em traduzir para uma linguagem das ciências sociais aquilo que em Dussel aparece, todavia, como abstração filosófica. A subjetividade da *primeira modernidade* está relacionada com o discurso de limpeza de sangue, isto é, com o *imaginário cultural da brancura*. A identidade fundada na distinção étnica frente o outro caracterizou a primeira geocultura do sistema-mundo moderno/colonial. Essa distinção não só colocou a superioridade étnica de alguns homens sobre outros, como também *a superioridade de formas de conhecimento sobre outras*. Para precisar este problema, irei me referir à categoria "colonialidade do poder".

A COLONIALIDADE DO PODER

Essa é a categoria "chave" do debate latino-americano sobre modernidade/colonialidade. A centralidade dessa categoria nos permite avançar até uma *analítica do poder* das sociedades modernas que se desmarca dos parâmetros assinalados pela obra de Michel Foucault, ao menos em três sentidos:

1. porque faz referência a uma estrutura de controle da subjetividade que se consolidou desde o século XVI e não apenas no XVIII (a "época clássica");
2. como consequência da referência anterior, se coloca no centro da análise a dimensão racial da biopolítica e não somente a exclusão de âmbitos, como a loucura e a sexualidade;
3. porque projeta esse conflito a uma dimensão epistêmica, mostrando que o domínio que garante a produção incessante do capital nas sociedades modernas passa, necessariamente, pela ocidentalização do imaginário.

A "colonialidade do poder" faz referência, inicialmente, a uma estrutura específica de dominação, através da qual foram submetidas as populações nativas da América, a partir de 1492. Aníbal Quijano foi quem utilizou pela primeira vez a categoria, afirmando que os colonizadores espanhóis estabeleceram com os colonizados ameríndios uma relação de poder fundada na *superioridade étnica e epistêmica* dos primeiros sobre os segundos. Não se tratava tão somente de submeter militarmente os indígenas e destruí-los pela força, mas de *transformar as suas almas*, de lograr que modificassem radicalmente as formas tradicionais de conhecer o mundo e de conhecer a si mesmos, adotando como próprio o universo cognitivo do colonizador. Quijano descreveu a colonialidade do poder da seguinte maneira:

> Consiste, em primeiro lugar, na colonização do imaginário dos dominados. Isto é, atua na interioridade deste imaginário... A repressão recai, antes de tudo, sobre os modos de conhecer, de produzir conhecimento, de produzir perspectivas, imagens e sistemas de imagens, símbolos, modos de significação, sobre os recursos, padrões e instrumentos de expressão formalizada e objetivada, intelectual ou visual.... Os colonizadores impuseram, também, uma imagem mistificada de seus próprios padrões de produção de conhecimento e significações.[58]

A *primeira* característica da colonialidade do poder, a mais geral de todas, é a dominação por meio não exclusivamente coercitivo. Não se tratou somente de reprimir fisicamente os dominados, mas de conseguir que *naturalizassem* o imaginário cultural europeu como forma única de relacionamento com a natureza, com o mundo social e com a própria subjetividade. Esse projeto *sui generis* quis mudar radicalmente as estruturas cognitivas, afetivas e volitivas do dominado, isto é, convertê-lo em um "novo homem", feito à imagem e semelhança do homem ocidental. Esse aspecto se relaciona com o assinalado por Mignolo no sentido de que a América foi vista como a prolongação natural da Europa. Para conseguir esse objetivo civilizador, o Estado espanhol criou a *encomienda*, cuja função foi integrar o índio aos padrões culturais da etnia dominante. O papel do *encomendero* era velar, diligentemente, pela "conversão integral" do índio, mediante a evangelização sistemática e o duro trabalho corporal. Ambos os instrumentos, a evangelização e o trabalho, dirigiam-se até a *transformação da intimidade*, buscando fazer com que o índio pudesse sair da sua condição de "minoridade" e ascender, finalmente, à forma de pensamento e ação próprias da vida civilizada.

A colonialidade do poder faz referência à maneira como a dominação espanhola tentou eliminar as "muitas formas de conhecer" próprias das populações nativas, substituindo-as por outras novas que serviriam aos propósitos civilizados do regime colonial; apontado, assim, até à violência epistêmica exercida pela primeira modernidade sobre outras formas de produzir conhecimento, imagens, símbolos e modos de significação. No entanto, a categoria tem outro significado complementar. Mesmo que essas outras formas de conhecimento não tivessem sido eliminadas por completo, encontrando-se, no máximo, despojadas de sua legitimidade epistêmica, o imaginário europeu exerceu uma contínua fascinação sobre os desejos, as aspirações e a vontade dos subalternos. Quijano formulou, deste modo, a segunda característica da colonialidade do poder: "a cultura europeia se converteu em uma sedução, dava acesso ao poder. Além de tudo, mais além da repressão, o instrumento principal de todo poder é a sedução. A europeização cultural se converteu em uma aspiração. Era um modo de participar do poder colonial."[59]

Unindo a tese de Quijano com as de Mignolo, posso dizer que o *imaginário da brancura* produzido pelo discurso da pureza de sangue foi uma aspiração internalizada por todos os setores da sociedade colonial e permaneceu como um eixo ao redor onde se construiu (conflitivamente) a subjetividade dos atores sociais. Ser "branco" não tinha relação com *a cor da pele*, mas com uma encenação pessoal do imaginário cultural tecido por crenças religiosas, tipos de roupas, certificados de nobreza, modos de comportamento e (isto é muito importante) *formas de produzir e transmitir conhecimento*.[60]

Em analogia com Foucault, Aníbal Quijano atestou que a colonialidade do poder não só reprime, mas, também, produz; isso quer dizer que não apenas faz referência à *exclusão* e/ou subalternização de formas não europeias de subjetividade, mas para além disso, demarca a *produção* de novas formas que as substituíram. Já me referi ao imaginário de brancura como um *tipo hegemônico de subjetividade* incorporado ao *ha-*

bitus da população na periferia do sistema-mundo; agora é necessário assinalar o *tipo hegemônico de conhecimento* que ambicionou recolocar os conhecimentos múltiplos das populações submetidas pelo domínio Europeu. Mencionarei, então, uma terceira característica da colonialidade do poder que se associa, no geral e de maneira errônea, com a segunda modernidade: a geração de conhecimentos que tiveram a pretensão de objetividade, cientificidade e universalidade.

Em *The Darker Side of the Renaissance*, Mignolo chamou a atenção sobre a construção de um imaginário científico por parte da cartografia europeia do século XVI. De acordo com Mignolo, a chave para entender o surgimento da epistemologia científica moderna é a separação que os geógrafos europeus realizaram entre o *centro étnico* e o *centro geométrico* de observação. Em quase todos os mapas, até o século XVI, o centro étnico e o centro geométrico coincidiam. Assim, por exemplo, os cartógrafos chineses geraram uma representação espacial do espaço, cujo centro estava ocupado pelo palácio real do imperador e ao redor dele se ordenavam seus domínios imperiais. A mesma coisa ocorria nos mapas do cristianismo na Idade Média, nos quais o mundo aparecia disposto circularmente em torno de Jerusalém,[61] e nos mapas árabes do século XIII, onde o mundo islâmico figurava como o centro da Terra. Em todos os casos o "centro era móvel", porque o observador não se preocupava em ocultar sua observação, deixando-o fora da representação. Para o observador, era nítido que o centro geométrico do mapa coincidia com o centro étnico e religioso de onde observava (cultura chinesa, judia, árabe, cristã, asteca etc.).[62]

Porém, a conquista da América e a necessidade de representar com precisão os novos territórios, baixo o imperativo do seu controle e delimitação começou a ocorrer algo diferente. A cartografia incorporou a *matematização da perspetiva* que, nesse momento, revolucionava as práticas pictóricas em países como a Itália. Tal perspetiva supôs a adoção de *um ponto de vista fixo e único*, isto é, a adoção de um olhar soberano que se encontra *fora da representação*. Em outras palavras, ela é um instrumento que através dele se vê, mas, por sua vez, não se é visto; a perspetiva, em suma, outorga a possibilidade de *ter um ponto de vista sobre o qual não é possível adotar nenhum ponto de vista*. Esse fato revolucionou por completo as práticas da cartografia. Ao tornar invisível o lugar de observação, o centro geométrico já não coincidia mais com o centro étnico. Os cartógrafos e navegantes europeus equipados de instrumentos precisos de medição omeçaram a *acreditar* que uma representação feita do centro étnico era *pré-científica*, posto que estava vinculada a uma particularidade cultural específica. A representação verdadeiramente científica e "objetiva" era aquela que podia abstrair de seu lugar de observação e gerar um "olhar universal" sobre o espaço.

Tudo isso significa que, além de fazer uma referência a um tipo hegemônico de subjetividade (o imaginário da brancura), a colonialidade do poder também faz referência a um tipo hegemônico de produção de conhecimento, que em outro lugar chamei de *a hybris do ponto zero*.[63] Refiro-me a uma forma de conhecimento humano que eleva pretensões de objetividade e cientificidade, partindo do pressuposto de que o observador não forma parte do observado. Essa pretensão pode ser comparada com o pecado da *hybris*, da qual falavam os gregos quando os homens queriam, com arrogância, elevar-se ao estatuto de deuses. Localizar-se no ponto zero equivale a ter o poder de um *Deus absconditus* que pode ver sem ser visto, ou seja, pode observar o mundo sem ter que dar conta a ninguém, nem sequer a si mesmo, da legitimidade de tal observação; equivale, portanto, a instituir uma visão de mundo reconhecida como válida, universal, legítima e avalizada pelo Estado. Por isso, o ponto zero é o do começo epistemológico absoluto, mas, também, o de controle econômico e social sobre o mundo. Obedece à necessidade que teve o Estado espanhol (e, logo, as demais potências hegemônicas do sistema-mundo) de erradicar qualquer outro sistema de crenças que não favorecia a visão capitalista do *homo oeconomicus*. Já não podiam *coexistir* diferentes formas de "ver o mundo", mas uma necessidade renovada de taxonomizá-las, conforme hierarquias de tempo e espaço. As demais formas de conhecer foram declaradas como pertencentes ao "passado" da ciência moderna, como "doxa" que enganava os sentidos; como "superstição" que era um obstáculo para o trânsito até a "maioridade"; como "obstáculo epistemológico" para a obtenção da certeza. Dessa perspetiva do ponto zero, os conhecimentos humanos foram ordenados em uma escala epistemológica que vai desde o tradicional até o moderno, desde a barbárie até a civilização, desde a comunidade até o indivíduo, desde a tirania até a democracia, desde o individual até o universal, desde oriente até ocidente. Estamos, então, defronte de uma estratégia epistêmica de domínio que, como veremos no capítulo seguinte, continua vigente, todavia.

O CAPÍTULO QUE FALTA NO IMPÉRIO

A REORGANIZAÇÃO PÓS-MODERNA DA COLONIALIDADE NO CAPITALISMO PÓS-FORDISTA[21]

No capítulo anterior fez-se referência à pós-colonialidade como formação discursiva de caráter transnacional, ressaltando o modo como alguns debates latino-americanos ampliam o que a academia norte-americana veio a oferecer durante os últimos anos a respeito da rubrica de "teoria pós-colonial". Agora, direcionarei minha lupa à pós-colonialidade como elemento constitutivo do que Lyotard chamou "condição pós-moderna". Minha tese é que, sob as novas condições criadas pelo capitalismo pós-fordista, assistimos a uma *reorganização pós-moderna da colonialidade*, que denomino "pós-colonialidade". Ou seja, enquanto no capítulo anterior articulei da dimensão discursiva da pós-colonialidade, agora, me debruçarei em expressar sua dimensão *ontológica*.

Para desenvolver esse tema quero entrar em diálogo com algumas das teses apresentadas por Michael Hardt e Antonio Negri (doravante H&N) em seu livro *Império*, particularmen-

---

21 Este capítulo é uma versão modificada da palestra apresentada no marco do evento Um só ou vários mundos possíveis? Organizado pelo Instituto de Estudos Sociais Contemporâneos (IESCO) da Universidade Central, em maio de 2005. Agradeço a Humberto Cubides, diretor do Instituto por haver autorizado sua publicação.

te com sua ideia de que as hierarquias moderno/coloniais desapareceram e que isso abre uma oportunidade única para que a multitude gere uma pluralidade de mundos possíveis frente ao mundo único do *Império*. A contrapelo dessa tese, sustentarei que o Império não suprime, mas reatualiza, sob um formato pós-moderno, as hierarquias epistêmicas erguidas na modernidade, o que torna difícil pensar uma democracia radical da multitude como propõe H&N. Para defender essa tese procederei do seguinte modo: primeiro farei uma apresentação breve dos argumentos que oferecem H&N para sustentar a morte do colonialismo e no mundo contemporâneo; logo, pretendo realizar uma análise crítica de seus argumentos, mostrando quais são os problemas que apresentam a genealogia do Império em H&N; finalmente voltarei a um estudo de caso para mostrar em que consiste a reorganização pós-moderna da colonialidade no Império.

A ERA DO IMPÉRIO

A tese geral de H&N é que, tanto o imperialismo quanto o colonialismo, como dispositivos *modernos* de exploração do trabalho humano, chegaram ao seu fim, porque, atualmente, o capital já não requer dessas formações históricas para se reproduzir. Pelo contrário, o imperialismo e o colonialismo, que foram muito úteis durante mais de 400 anos de expansão do capital, chegaram a se tornar um *obstáculo* para o capitalismo global, razão pela qual foram rebaixadas pela dinâmica do mercado mundial.[64]

H&N associam o colonialismo à formação dos Estados nacionais na Europa durante o século XVII, quando as elites intelectuais e políticas da Europa se encontravam numa espécie de guerra civil, em virtude da "revolução humanista" do século XVI[22], que havia instaurado o "plano de imanência" e

---

22 H&N dizem que esta revolução humanista produziu um tipo de pensamento imanente que encontrou no frade Bartolomé de Las Casas um

encontrava-se ameaçada pela "contrarrevolução esclarecida". O propósito dessa contrarrevolução era exercer o controle dos desejos constituintes da "multitude" (isto é, da inicial burguesia comercial europeia) e estabelecer mediações racionais em todos os âmbitos da sociedade. O esclarecimento pretendia legitimar, por meio da ciência, a instauração de aparatos disciplinares que permitiriam normalizar os corpos e as mentes para orientá-los para o trabalho produtivo. Nesse *projeto esclarecido de normalização*, o colonialismo serviu como um anel no dedo. Construir o perfil do sujeito "normal" que o capitalismo necessitava (branco, homem, proprietário, esclarecido, heterossexual) solicitava a imagem de um "outro" localizado na exterioridade do espaço Europeu. A identidade do sujeito burguês no século XVII se construiu, a contraluz, por intermédio das imagens que cronistas e viajantes haviam difundido por toda a Europa dos "selvagens" que viviam na América, África e Ásia. Os valores *presentes* da "civilização" foram afirmados a partir de seu contraste com o *passado* da barbárie que viviam aqueles que estava de "fora". A história da humanidade foi vista como o progresso irresistível para um modo de civilização capitalista, onde a Europa estabeleceu um padrão sob as demais formas de vida. O aparato transcendente do Esclarecimento procurou construir uma identidade europeia unificada e, para isso, recorreu à figura do "outro colonial".[65]

No século XIX, uma vez consolidada a hegemonia do modo fordista de produção, o colonialismo seguiu exercendo um papel importante na reprodução do capital, graças à luta que determinaram entre si os diferentes impérios industriais da

---

dos seus representantes mais eminentes. Las Casas é visto como um pensador renascentista que enfrentou a brutalidade soberana dos governos espanhóis. Esta veia utópica e anticolonialista chegará até Marx. Mas, a visão utópica do Renascimento era, também, eurocêntrica. Para Las Casas os índios eram iguais aos europeus "só, enquanto, potencialmente europeus" (Hardt e Negri 2001:141). Las Casas acreditou que a humanidade era uma: não pode ver que era, simultaneamente, muitas.

Europa. Nessa fase, o colonialismo se subordinou à constituição da sociedade industrial europeia e à sua necessidade de conquistar mercados exteriores como fonte de recursos. H&N se dobraram ao modo como a teoria marxista clássica traçou os limites do conceito de imperialismo. A "era do imperialismo", segundo autores como Lenin, Rosa Luxemburgo e Eric Hobsbawm, transcorreu entre 1880 e 1914, ou seja, quando a maior parte do planeta ficou dividido em territórios sob o domínio político comercial das potências industrializadas da Europa (Reino Unido, França, Alemanha, Itália e os países baixos). Esses países competiam pelo controle de "zonas de influência" que poderiam acelerar o processo de industrialização, esta concorrência desembocou na Primeira Guerra Mundial. Desse ponto o colonialismo parece como um *subproduto* do desenvolvimento do *capitalismo industrial* em alguns estados nacionais europeus. Essa situação persistiu até o início do século XX, até as duas primeiras décadas da Guerra Fria, quando a maior parte dos países colonizados declarou sua independência perante a Europa, justo quando o capitalismo iniciava a transição para uma economia fordista a um modo de produção *pós-fordista*.

A tese de H&N é que com o advento do pós-fordismo o capitalismo mundial entra na última e definitiva fase de sua história: o *Império*. Nessa nova fase, o tipo de produção que marca a economia mundial não é a de objetos, como na sociedade industrial, mas a dos símbolos e da linguagem abstrata.[66] Não é a fabricação de objetos físicos, mas a manipulação de dados, imagens e símbolos que caracteriza a economia pós-fordista. Essa hegemonia do trabalho imaterial demanda que a produção deixe de estar vinculada a territórios específicos e que a fábrica deixe de ser a sede paradigmática do trabalho. A globalização não só transladou a produção para fora dos muros territoriais da fábrica, transformando radicalmente a relação entre capital e trabalho, como também, transformou o colonialismo em uma relíquia histórica da humanidade. No momento em que o *conhecimento* se converte na principal força produtiva do capitalismo global, reestruturando o trabalho físico dos escravos e o trabalho maquinal da fábrica, o colonialismo deixa de ser necessário para a reprodução do capital.

O colonialismo foi uma formação histórica que cresceu num cenário no qual ainda podia se falar de um "dentro" e um "fora" do capital. O capital, em sua lógica expansiva, necessitava conquistar mercados não capitalistas, isto explica os processos de colonização europeia.[67] Porém, quando o Império chegou com a sua lógica em todos os espaços sociais, quando a produção já não se encontrou vinculada a territórios específicos, quando o tempo das "fronteiras abertas" do capital terminou; então, tampouco, houve um "fora" onde pudesse ser aplicada à categoria de "colonialismo" e "imperialismo"[23]. O argumento de que o colonialismo chegou ao eu fim se apoia, também, na tese de que a soberania moderna do Estado Nação declinou e cedeu lugar para a soberania pós-moderna do Império. Se o colonialismo foi uma criação da soberania do Estado Nação na Europa, o declínio dessa soberania conduziria, necessariamente, ao final do colonialismo. A soberania cuja qual estamos vivendo agora não é moderna, mas pós-moderna. O colonialismo, como elemento funcional ao projeto da modernidade, é coisa do passado. Já não são necessárias representações coloniais do "outro" para afirmar a identidade europeia, posto que a Europa deixou de ser o "centro" do sistema-mundo. O Império não necessita ter mais centros. Segundo H&N, "nosso Império pós-moderno não tem uma Roma", isto é, já não se divide hierarquicamente em centros, periferias e semiperiferias, como apontou Wallerstein.[68] Sem centros, sem periferias e sem um fora, o Império já não necessita das representações do "outro" para

---

23 Na passagem do moderno ao pós-moderno há cada vez menos distinção entre dentro e fora. Seguindo Jameson, H&N afirmam que a dialética moderna do dentro e do fora foi recolocada por um jogo de graus e intensidades: "Os binarismos que definiram o conflito moderno se desfizeram" (Hardt e Negri 2001:202).

afirmar sua identidade, porque o Império não tem identidade. *O Império é liso e espectral*: encontra-se em todas as partes, sem estar localizado em nenhuma delas. Por isso, a "dialética do colonialismo" deixou de ser funcional[24].

Dessa maneira, para H&N as dicotomias territoriais centro e periferia são obsoletas, visto que no Império já não é possível demarcar grandes zonas geográficas como lugares privilegiados de produção. Existe, certamente, um "desenvolvimento desigual", mas suas linhas de divisão e hierarquias já não se encontram ao longo das fronteiras nacionais.[69] Nos Estados Unidos e na Europa, também, estão ancoradas a miséria e a pobreza em suas grandes cidades, o Terceiro Mundo dentro do Primeiro, enquanto em países do "Sul", como a Índia e Brasil, existem elites pós-fordistas que vivem melhor que as do "Norte". Hoje em dia, o norte e o sul são *espaços globais* que já não definem uma "ordem internacional". Os principais atores econômicos do capitalismo pós-moderno já não são os Estados nacionais, mas as corporações multinacionais que não têm territórios específicos. O desenvolvimento desigual *não é territorial*, pois "todos os níveis de produção podem existir simultaneamente e juntos [no mesmo território], desde os mais altos níveis de tecnologia, produtividade e acumulação, até os mais baixos."[70]

Resumindo, para H&N a nova hierarquia do poder global não é compreensível se continuamos pensando desde o campo de visibilidade aberto pelo conceito de imperialismo,

---

24 H&N falam de uma "dialética do colonialismo" própria do projeto da modernidade que consistiu no seguinte: "a identidade do Eu europeu se produz neste movimento dialético. Uma vez que o sujeito colonial é construído como Outro absoluto, então pode ser subsumido (anulado e integrado) dentro de uma unidade mais elevada. Somente mediante a oposição ao colonizado se torna realmente ele mesmo, o sujeito metropolitano" (Hardt e Negri 2001: 152). Isto é, o colonialismo é uma "dialética do reconhecimento" como entendeu Hegel, mas, atualmente não tem mais sentido, porque o Império (o senhor) já não necessita se afirmar frente ao "Outro" (o escravo).

onde os únicos atores verdadeiramente geopolíticos são os Estados Nações, que operam segundo a lógica centro/periferia. A estrutura de *sistema-mundo pós-moderno* já não opera, primeiramente, sobre a base das relações interestatais e da luta entre Estados metropolitanos pelo controle hegemônico sobre as periferias. O Império não é inglês, francês, árabe ou estadunidense: é simplesmente *capitalista*. Isso explica o reordenamento das antigas divisões geopolíticas de base territorial (norte e sul, centro e periferia) em função de uma nova hierarquia global de poder e, também, o motivo pelo qual o colonialismo é um fenômeno do passado. No Império, as antigas desigualdades e segmentações coloniais entre os países não desapareceram, mas adquiriram outra forma. São desigualdades que já não tinham uma forma "imperialista", porque o imperialismo e o colonialismo se converteram no obstáculo para a expansão do capital.[71]

O LADO ESCURO DA FORÇA

Quero propor uma crítica de H&N que resgata alguns elementos da sua teoria do capitalismo pós-moderno, mas que, ao mesmo tempo assinale suas deficiências sobre o diagnóstico do colonialismo. Minha tese formulada, em termos positivos, será que o conceito de *Império* permite avançar uma análise crítica do capitalismo global que suplementa e, em alguns casos, recoloca o diagnóstico realizado com o conceito de imperialismo. Há regras e atores imperiais que continuam sendo os mesmos que foram pensados com o conceito de imperialismo, nisso têm razão os numerosos críticos do livro. No entanto, surgiu *outra regra e outros atores globais* que o campo de visibilidade aberto pelo conceito de imperialismo não permite ver e que estão tornando hegemônicos na economia pós-fordistas; nesse aspecto o conceito de Império revela sua importância. Formulada em termos negativos, minha tese será que a genealogia do Império, tal como é reconstruída por H&N, dificulta o entendimento dos fenômenos tipicamente *modernos* que persistem nele, como o ocidentalismo, as hierarquias epistêmicas e o racismo. Do meu ponto de vista, a genealogia do Império que propõe H&N é incompleta e deveria ser *complementada* com o que aqui nomeio de "o capítulo que falta no Império".

Começarei aludindo a um artigo recente de Walter Mignolo, *Colonialismo global, capitalismo e hegemonia epistêmica*. Nesse texto, Mignolo alega que o conceito de Império elaborado por H&N mostra somente uma face da globalização, sua face pós-moderna, ignorando, por completo seu lado escuro.[72] Qual é o "darker side" da pós-modernidade? Há vários anos, Mignolo vem trabalhando o tema das representações coloniais no pensamento ocidental moderno. Em seu livro *The Darker Side of the Renaissance*, o estudioso recorre ao gesto clássico da teoria crítica moderna: não é possível entender o humanismo renascentista se ignoramos quais foram seus *aprioris* históricos, ou seja, suas condições históricas de possibilidade. Com Wallerstein, Mignolo assinala que a economia-mundo capitalista surgida no século XVI constituiu o cenário global onde se desenvolveu o pensamento humanista do renascimento. Essa economia-mundo esteve marcada, desde o início, pelo que o sociólogo Aníbal Quijano chamou "heterogeneidade estrutural". O domínio econômico e político da Europa na economia-mundo se sustentou sob a exploração colonial e não é pensável sem ela. As grandes obras do humanismo renascentista não podem ser consideradas somente como um fenômeno "espiritual", independente do sistema-mundo moderno/colonial onde surgiram. O "ouro das Índias" fez possível uma grande afluência de riquezas provenientes da América até a Europa mediterrânea. Essa situação gerou as condições para o florescimento da "revolução humanista", no século XVI. A "heterogeneidade estrutural" da qual falava Mignolo e Quijano, consiste então, no fato de que *o moderno e o colonial são fenômenos simultâneos no tempo e no espaço*. Pensar o Renascimento como fenômeno "Europeu", separado da economia-mundo moderno/colonial que a sustentou, equivale a gerar uma imagem incompleta e mistificada da modernidade.

Porém, isso foi justamente o que começou a acontecer a partir do século XVIII. Mignolo declara que o pensamento do Esclarecimento (*Auflärung*) gerou o que Enrique Dussel chamou "o mito eurocêntrico da modernidade", que baseou-se *na eliminação da heterogeneidade estrutural da modernidade* em nome de um processo linear, onde a Europa apareceu como lugar privilegiado de enunciação e geração de conhecimento. O tradicional e o moderno deixaram de coexistir e apareceram como fenômenos sucessivos no tempo. A colonialidade não foi vista como fenômeno constitutivo, mas intrinsecamente *derivada* da modernidade. Esse seria um fenômeno *exclusivamente europeu* originado durante a Idade Média que logo a partir de experiências *intraeuropeias* como o Renascimento Italiano, a Reforma Protestante, o Esclarecimento e a Revolução Francesa, se *difundiu* pelo mundo.

O mito eurocêntrico da modernidade identificou a particularidade europeia com a universalidade e a colonialidade como o *passado* da Europa. A coexistência de diversas formas de produzir e transmitir conhecimento foi eliminada porque todos os conhecimentos humanos ficaram ordenados numa escala epistêmica que vai desde o tradicional até o moderno, desde a barbárie até a civilização, desde a comunidade até o indivíduo, desde a tirania até a democracia, desde oriente até ocidente. Mignolo assinala que essa estratégia colonial de não visibilidade pertence ao "lado escuro" da modernidade. Através dela o pensamento científico se posicionou como única forma válida de produzir conhecimentos, e a Europa adquiriu uma *hegemonia epistêmica* sobre todas as demais culturas do planeta.[73]

Agora podemos regressar à pergunta: por que razão H&N mostram, tão somente, o lado pós-moderno do Império, deixando de lado a consideração sobre o seu "lado escuro"? A resposta de Mignolo faz sequência com seus trabalhos anteriores: assim como a colonialidade é a "outra face" constitutiva da modernidade, *a pós-colonialidade é a contrapartida estrutural da pós-modernidade.* Sob outro viés, H&N discursam somente a respeito da fase "pós-moderna" do Império, ignorando sua manifestação "pós-colonial". Desse modo, a heterogeneidade estrutural é novamente eliminada, privilegiando uma *visão eurocêntrica do Império*:

> O Império é pós-moderno no sentido em que a modernidade se transforma acompanhada pela transformação da colonialidade. Esses passos não dão Hardt e Negri, porque para eles a pós-colonialidade é um fenômeno derivativo (e não constitutivo) da pós-modernidade. Seu argumento leva a concluir que para eles a pós-colonialidade significaria o fim da colonialidade ou sua superação. Não pensam nem mesmo que a pós-colonialidade é a face oculta da pós-modernidade (assim como a colonialidade é da modernidade) e, nesse sentido, o que a pós-colonialidade indica *não é o fim da colonialidade, mas sua reorganização.* Pós-coloniais seriam, assim, as novas formas de colonialidade atualizadas na etapa pós-moderna da história do Ocidente.[74]

O argumento de Mignolo, correto em meu entendimento, é que H&N desenham uma genealogia do Império que não leva em conta a heterogeneidade estrutural da modernidade. Para eles, a modernidade é um fenômeno *europeu* que logo se "estendeu" ao resto do mundo com a forma do colonialismo. Assim, por exemplo, H&N começam sua genealogia do Império dizendo que "tudo começou na Europa, entre o ano de 1200 e o de 1600."[75] Aqui se mostra, claramente, como para H&N a modernidade se gestou por completo no interior da Europa e de desenvolveu, sucessivamente, a partir de fenômenos *intraeuropeus*, como o Renascimento, o Esclarecimento, a criação do Estado moderno e a Revolução Industrial, até chegar a crise pós-moderna no Império. O que ocorre no resto do mundo, fora da Europa, somente interessa para H&N quando se considera uma *expansão* da soberania do Estado moderno até o exterior das fronteiras europeias[25].

---

25 Nem repararam que durante a época escolhida para começar sua genealogia do Império, o século 13, a Europa não era outra coisa que uma pequena província sem importância comparada com as grandes civiliza-

Seu ponto de referência é a Europa e não o sistema-mundo, por onde vai a "revolução humanista" apenas com sua cara moderna, desconhecendo seu "rosto colonial". O que Mignolo chama "o lado escuro do Renascimento" continua sendo invisível para eles.

Mas, o que aconteceria se a genealogia do Império tomasse como ponto de referência a economia-mundo e não o pensamento e ações de alguns renomados homens ou movimentos culturais europeus? Ocorreria o que salienta Mignolo: seria impossível prescindir da heterogeneidade estrutural dessa economia-mundo. Se a genealogia do Império começou com o surgimento da economia-mundo no século XVI, não só teríamos uma data de nascimento precisa (12 de outubro de 1492), como também um esquema de funcionamento específico: a mútua dependência entre colonialidade e modernidade. Todavia, H&N não podem dar esse passo, porque isso comprometeria seriamente sua tese de que a "revolução humanista" do século XV e XVI na Europa foi um fenômeno social *constituinte*. A tese de Mignolo, Quijano e Dussel apoia-se em um ponto contrário. Para os autores, o humanismo Renascentista foi, primeiro, um fenômeno mundial (e não europeu), uma vez que se deslocou do interior do sistema mundo e, segundo, um processo constitutivo, posto que sua "linha de fuga" se estabeleceu frente a cultura teológica da Idade Média europeia, mas *não frente ao capitalismo*. Não se produziu a instauração revolucionária de um "plano de imanência", no século XVI, como elaboravam H&N, mas a substituição de um plano de transcendência local por um plano de transcendência *mundial*.

O silêncio com relação a esse "lado escuro do Renascimento" na genealogia do Império tem graves consequências analíticas. A primeira delas, assinalada por Mignolo, é considerar a colo-

---

ções que se desenvolviam no mundo islâmico (Dussel 1999:149-151). Somente quando o evento fundacional de 1492 apareceu o inédito circuito comercial do Atlântico a Europa se converteu no "centro" de um verdadeiro processo mundial de acumulação de capital.

nialidade como um fenômeno *derivado* da soberania do Estado Nação moderno. Essa interpretação conduz à outra, contudo, ainda mais problemática: uma vez que essa soberania é posta em crise pela globalização da economia pós-fordista, o colonialismo deixa de existir. O Império suporia o "fim" do colonialismo, porque os dispositivos de normalização e representação associados com o Estado moderno deixam de ser necessários para a reprodução do capital. Pelo contrário, se tomarmos a economia-mundo do século XVI, como ponto de referência para traçar a genealogia do Império, não se pode afirmar que a colonialidade é uma derivação do Estado, mas um fenômeno constitutivo da modernidade. Essa interpretação direciona a outra que é a que defenderei na próxima sessão: o *Império* não conduz ao fim da colonialidade, mas, antes, à sua *reorganização pós-moderna*. Essa reorganização imperial da colonialidade é a outra face (invisível para H&N) que o Império necessita para sua consolidação.

A visão eurocêntrica dos criadores do conceito de "Império" desconhece seus *dispositivos coloniais*[26]. O "capí-

---

26 H&N, todavia, afirmar serem críticos do eurocentrismo. Na parte intitulada "Dois italianos na Índia" contida no livro Multitud contam a história da visão de Alberto Moravia e Pier Paolo Pasolini sobre a Índia. O primeiro tratou de entender porque a Índia era tão diferente da Itália, enquanto que o segundo buscou entender porque era tão similar; entretanto, nenhum dos dois escapou da necessidade de tomar a Europa como critério universal de medica caindo em uma visão eurocêntrica do mundo. H&N afirmam que a única forma de sair do eurocentrismo é renunciar à qualquer tipo de norma universal para avaliar as diferenças culturais. Itália e Índia não são diferentes, mas singularidades. Para eles a noção de "singularidade" desenvolvida por Gilles Deleuze permite abandonar o conceito de "outridade" que havia funcionado como pedra angular do eurocentrismo. Não se trata, então, de pensar a diferença cultural como outra, mas como uma singularidade: "a diferença cultural deve conceber a si mesma, como singularidade, sem sustentar o conceito de 'outro'. De maneira similar, deve considerar todas singularidades culturais não como supervivências anacrônicas do passado, mas como participantes iguais de um presente comum. Enquanto seguimos considerando, estritamente, a sociedade europeia como a norma com a qual

tulo que falta do Império" teria que elaborar uma genealogia não eurocêntrica para permitir uma crítica das novas formas (pós-modernas) da colonialidade. Em contínuo a essa reflexão, tentarei desenhar um esboço para mostrar essa crítica. Utilizando o conceito de Império criado por H&N, inteciono mostrar como a colonialidade não desaparece no capitalismo pós-moderno, sendo, em linhas gerais, reorganizado numa forma pós-colonial.

A (PÓS)COLONIALIDADE DO PODER

A pergunta que desejo responder nessa última parte do capítulo é a seguinte: o que ocorre quando a *produção imaterial* – e já não a produção material associada com o industrialismo – se coloca no centro das políticas de desenvolvimento? Gostaria de mostrar que o conceito de Império, proposto por H&N, serve para precisar em quê consiste a mudança que produziu a noção de desenvolvimento, mas que esse diagnóstico deve ser complementado com o que neste trabalho denomino "o capítulo que falta no Império". O diagnóstico que oferecem H&N é incompleto, porque não leva em conta um dos aspectos fundamentais do poder imperial: sua "face colonial". Na lista das mudanças estruturais que os autores analisam com grande perspicácia no seu livro (da soberania moderna até o pós-moderna, do imperialismo ao Império, da economia fordista para a pós-fordista, da sociedade disciplinar para a sociedade de controle), há um

---

se mede a modernidade muitas zonas da África e, igualmente, outras regiões subordinadas do mundo, não serão equiparadas, mas quando reconhecemos as singularidades e a pluralidade dentro da modernidade começaremos a entender que a África é tão moderna quanto a Europa, nem mais nem menos, ainda que diferente" (Hardt e Negri 2004: 156-157). Não obstante, Mignolo (2002:228) assinalou que esta é uma crítica eurocêntrica do eurocentrismo, porque a exaltação da "singularidade" corresponde, precisamente, com a reorganização pós-moderna das narrativas coloniais da representação.

que brilha pela sua ausência: a mudança da colonialidade à pós-colonialidade. É minha intenção explicar como se compõe essa alteração, tomando como exemplo as novas agendas globais do desenvolvimento sustentável.

Durante as décadas de 1960 e 1970, os Estados nacionais – apoiados no diagnóstico das ciências sociais, em particular, a economia – definiram o desenvolvimento dos países do Terceiro Mundo por referência aos indicadores de industrialização. Supunha-se que o desenvolvimento econômico dependia do desdobramento da indústria, de tal maneira que o subdesenvolvimento correspondia a uma etapa histórica pré-industrial. Sair do subdesenvolvimento equivalia a promover uma decolagem (*take off*) do setor industrial, onde permitiria um aumento do ingresso *per capita* dos índices de alfabetização e escolaridade, de expectativa de vida, etc. Para os desenvolvimentistas, tratava-se de gerar a passagem da sociedade "tradicional" para a sociedade "moderna", pois presumiam que a modernização representava um *continuum*, onde o subdesenvolvimento era uma fase inferior ao desenvolvimento pleno. Promover a modernização se tornou o objetivo central dos Estados asiáticos, africanos e latino-americanos durante essas décadas. Nesse contexto, se faz urgente a intervenção estatal em setores chave, como a saúde, a educação, o planejamento familiar, a urbanização e o desenvolvimento rural. Tudo isso faz parte de uma estratégia desenhada pelo Estado para criar possibilidades industriais que permitiriam, de forma gradual, eliminar a pobreza e "levar o desenvolvimento" a todos os setores da sociedade. As populações subdesenvolvidas do Terceiro Mundo eram vistas como objeto de planejamento e o agente deste *planejamento biopolítico* deveria ser o Estado, cuja função era eliminar os obstáculos para o desenvolvimento, ou seja, erradicar ou no melhor dos casos: *disciplinar* os perfis de subjetividade, tradições culturais e formas de conhecimento que não se ajustaram ao imperativo da industrialização.

Arturo Escobar mostrou que, até a década de 1980, o ideal de desenvolvimento industrial ficou menor e algo diferente começou a ser recolocado: o *desenvolvimento sustentável*. Segundo Escobar:

> A ideia de desenvolvimento, ao que parece, está perdendo parte de sua força. Sua incapacidade para cumprir promessas, junto com a resistência que lhes opõem os movimentos sociais e muitas comunidades. Isso está debilitando sua poderosa imagem, os autores de estudos críticos tentam por meio de suas análises dar forma a esse debilitamento social e epistemológico do desenvolvimento. Poderia argumentar que se o desenvolvimento [industrial] está perdendo o seu impulso é devido que já não é imprescindível para as estratégias de globalização do capital.[76]

De acordo com Escobar, o capital está sofrendo uma mudança significativa na sua forma e adquire, progressivamente, uma face "pós-moderna".[77] Isso significa que aspectos que o desenvolvimentismo moderno havia considerado como variáveis residuais, como biodiversidade, a conservação do meio ambiente ou a importância dos sistemas não ocidentais de conhecimento, passam a se conceituar, assim, como um elemento central das políticas globais do desenvolvimento. Para Escobar, o "desenvolvimento sustentável" é, basicamente, a transformação pós-moderna do desenvolvimentismo moderno. O desenvolvimento econômico já não é medido pelos níveis *materiais* de industrialização, mas pela capacidade de uma sociedade de gerar ou preservar o *capital humano*. Enquanto o desenvolvimento dos anos 1960 e 1970 levava em conta apenas o aumento do "capital físico" (produtos industrializados) e a exploração do "capital natural" (matéria-prima), o desenvolvimento sustentável coloca no centro de suas preocupações a geração do "capital humano", ou seja, a promoção dos conhecimentos, aptidões e experiências que convertem um ator social em sujeito economicamente produtivo[27]. A possibilidade de *converter o ser humano em*

---

27 Isto significa que já não basta a abundância de recursos naturais (capital natural) para se desenvolver. Agora, o importante é a utilização *força produtiva*, substituindo o trabalho físico e as máquinas, transforma-se na chave do desenvolvimento sustentável[28].

As reflexões de H&N também avançam nessa direção. Para eles, a produção hegemônica já não gira em torno do *trabalho material*, melhor dizendo, já não se funda no setor industrial e seus aparatos disciplinares. A força de trabalho hegemônica, hoje em dia, não está composta por trabalhadores materiais, mas por agentes capazes de produzir e administrar *conhecimentos e informações*. Em outras palavras, a nova força de trabalho no capitalismo global se define pela "capacidade de manipular símbolos". Isso não quer dizer, meramente, que os computadores e novas tecnologias da informação formam parte integral das atividades laborais de milhões de pessoas em todo o mundo e que a familiaridade com essas tecnologias se converte em um requisito fundamental para ascender à postos de trabalho; significa, além disso, que o modelo de *processamento de símbolos*, típico das tecnologias da comunicação, está se convertendo no modelo hegemônico de produção de capital. De acordo com esse modelo, a economia capitalista está sendo reorganizada com base no *conhecimento* que produzem certas ciências, como a biologia molecular, a engenharia genética ou a imunologia e por correntes de investigação, como o genoma humano, a inteligência artificial e a biotecnologia. Para H&N, como para Escobar, o capitalismo pós-moderno é um regime biopolítico, porque constrói a

---

inteligente desses recursos por parte dos atores sociais para fazê-los mais produtivos.

28 O desenvolvimento sustentável pode ser definido como "um desenvolvimento que satisfaça a necessidade do presente sem pôr em perigo a capacidade das gerações futuras para atender suas próprias necessidades". Esta definição foi usada pela primeira vez em 1987 na Comissão Mundial do Meio Ambiente da ONU, criada em 1983. Os economistas que se preocupavam com o desenvolvimento sustentável assinalaram que a satisfação das necessidades do futuro depende de quanto equilíbrio se logre entre as necessidades sociais, econômicas e ambientais nas decisões tomadas agora.

natureza e os corpos mediante uma série de *biopráticas*, onde o conhecimento se prova fundamental[29].

O desenvolvimento sustentável é um bom exemplo do modo como a economia capitalista se reorganizou de forma pós-moderna. Se partirmos de que a informação e o conhecimento são a base da economia global (e não mais a produção industrial comandada pelo Estado), então, a falta de acesso a estes recursos torna-se essencial para explicar o subdesenvolvimento. O capítulo 40 da Agenda 21, assinada no Rio de Janeiro, no marco da Conferência das Nações Unidas sobre o Meio Ambiente e o Desenvolvimento, de 1992[30], não foi concluído em vão e estabeleceu que "no desenvolvimento sustentável cada pessoa é, a sua vez, usuária e portadora de informação." Isso exprime que já não é o Estado o agente principal das mudanças que impulsionam o desenvolvimento econômico, mas, de modo notório, os atores sociais, através de sua apropriação de recursos cognitivos – haja vista que isso lhes permitam impulsionar uma economia centrada na informação e no conhecimento. Para ser sustentável, o crescimento econômico deve ser capaz de gerar "capital humano", que significa *melhorar os conhecimentos*, as especialidades e a capacidade de gestão de atores sociais, a fim de que possam ser utilizados com eficiência. O teorema do desenvolvimento sustentável pode se formular da seguinte maneira: sem a geração de "capital humano" não será possível superar a pobreza, posto que essa acontece devido ao aumento da brecha do conhecimento entre uns países e ou-

---

29 Escobar (2004:387) afirma que "poderíamos estar transitando de um regime da natureza orgânica (pré-moderna) e capitalizada (moderna) até um regime de tecnonatureza efetuado pelas novas formas de tecnologias e ciência".

30 A Agenda 21 foi um dos cinco acordos fundamentais alcançados na Conferência do Rio de Janeiro. Segundo esta agenda as nações signatárias se comprometem a garantir o "desenvolvimento sustentável" de suas economias de tal forma que os recursos naturais possam ser manejados com inteligência para satisfazer as necessidades desta geração sem comprometer o bem-estar das gerações futuras.

tros. Segundo esse teorema, um país poderá se desenvolver somente quando aprender a utilizar e proteger *seus ativos intelectuais*, já que esses são a força propulsora de uma economia fundada no conhecimento.

A centralidade do conhecimento na economia global e nas políticas imperiais do desenvolvimento se faz mais evidente quando examinamos o tema ambiental que, a partir da Conferência no Rio, orientou-se como a coluna vertebral do desenvolvimento sustentável. No Rio também foi assinada a Convenção da Diversidade Biológica, que obriga as nações signatárias a proteger os *recursos genéticos* de seus territórios, pois formam parte do "patrimônio comum da humanidade". O interesse das Nações Unidas na conservação e gestão desse "patrimônio" é claro: os recursos genéticos têm um valor econômico e denotam benefícios para as empresas que trabalham com tecnologia de ponta no campo da Biotecnologia e da Engenharia Genética. Desse modo, o manejo da informação e linguagens abstratas – o que H&N chamam de "produção imaterial" – colocam-se no centro da empresa capitalista pós-moderna.

A identificação, alteração e transferência de material genético através do conhecimento possuem aplicações econômicas no campo da agricultura e na saúde. No setor da agricultura, a Biotecnologia trabalha no incremento da produção de alimentos por intermédio da produção de plantas transgênicas mais resistentes à pragas e insetos, além de menos vulneráveis à fulminação com químicos. Em 1999, 90% da soja produzida na Argentina e 33% do milho produzido nos Estados Unidos eram procedentes de cultivo transgênico e essa percentagem aumenta para produtos como algodão, tomate, tabaco, cana de açúcar, aspargo, morango, papaia, kiwi, cevada, pepino e abobrinha. A reconversão biotecnológica da agricultura é um ótimo negócio para a indústria alimentícia, controlada por várias empresas especializadas na investigação biotecnológica. No que tange à indústria farmacêutica, esta se concentra na produção de medicamentos de base biológica que são utilizados no tratamento de doenças, como o câncer, a hemofilia e a hepatite B, sem mencionar a crescente produção de medicamentos genéricos e de psicofármacos. Estima-se que o mercado dos medicamentos derivados de extratos vegetais ou produtos biológicos gera algo que oscila em torno dos 400 milhões de dólares anuais; essa ganância se concentra em mãos de um reduzido número de empresas multinacionais que monopolizam a investigação de ponta[31].

O tema da biodiversidade nos coloca a par de um setor estratégico da economia global, seguramente, o que redefinirá o tabuleiro geopolítico no século XXI, posto que o acesso a informação genética vai marcar a diferença entre o êxito e o fracasso econômico. As empresas multinacionais têm olhos fixados nos recursos genéticos, manipuláveis por meio do conhecimento técnico, cuja maior variedade se encontra nos países do Sul. Por isso, essas empresas iniciaram uma verdadeira campanha de *lobby* para obter as patentes destes recursos, apelando aos Direitos de Propriedade Intelectual (DPI). Antes da Ronda de Uruguay do GATT[32], em 1993, não existia nenhuma legislação transnacional sobre Direitos de Propriedade Intelectual (DPI). Foram empresas multinacionais, como Bristol Meyers, DuPont, Johnson & Johnson, Merck e Pfizer, com interesses criados no negócio da biodi-

---

31 A investigação em engenharia genética é muito cara e demanda uma grande infraestrutura tecnológica, por isso, encontra-se concentrada, basicamente, nos Estados Unidos, Europa e Japão, mas é financiada, em sua maior parte, por empresas privadas. O fenômeno observado nos últimos anos é a formação de grandes monstros econômicos neste setor. Várias empresas especializadas em biotecnologia absorvem, paulatinamente, a empresa menor ou se funcionam com outras empresas gigantes até formar verdadeiros monopólios numa escala transnacional que controla o mercado da agricultura e da saúde. No curso das próximas décadas meia dúzia de multinacionais controlam 90% da alimentação mundial.

32 General Agreement on Trade and Tariffs.

versidade, que pressionaram a introdução do acordo TRIP[33] nas negociações. Esse acordo permite às empresas um controle monopolístico dos recursos genéticos do planeta.

A *propriedade intelectual* é um conceito jurídico de caráter transnacional amparado pelas Nações Unidas por meio da OMPI World Intellectual Property Organization (OMPI), que protege e regula as "criações e inovações do intelecto humano", como as obras artísticas e científicas[34]. De acordo com essa norma, quando os *produtos imateriais* implicam algum tipo de inovação tecnológica que tenha aplicação comercial, podem ser patenteados por seus autores e utilizados como se fossem propriedade privada[35]. Uma patente se define como a concessão que outorga o Estado a um inventor, para que explore comercialmente seu produto de maneira exclusiva durante certo tempo. O caso da biodiversidade e os recursos genéticos das empresas multinacionais que trabalham com

---

33 A sigla faz referência aos "aspectos dos direitos de propriedade intelectual relacionados com o comércio" (Trade Related Intellectual Property Right). Como parte dos acordos multilaterais do GATT os TRIP obrigam os estados signatários a adotar um sistema de propriedade intelectual para microorganismos e variedades vegetais. Sob a pressão das multinacionais por meio do governo dos Estados Unidos (em acordo com o TLC) a concessão de patentes sobre material biológico se apresente como o mecanismo único para a proteção da propriedade intelectual, apesar de que os acordos do GATT não falam, especificamente, deles. Há outras formas de proteger a propriedade intelectual sem recorrer as patentes.

34 A OMPI conta com 177 Estados membros, tem sua sede em Genebra e se ocupa dos assuntos relacionados com a proteção da propriedade intelectual. Supervisa várias convenções internacionais dos quais (o Convenção de Paris e o Convenção de Berna para a Proteção das Obras Literárias e Artísticas) constituem o fundamento do setor de propriedade intelectual.

35 Para que uma patente seja concebida o produto intelectual deve satisfazer, pelo menos, dois requisitos: que seja uma invenção (isto é, que represente uma novidade) e que esta inovação tenha "utilidade prática", de tal forma que possa beneficiar toda a sociedade.

tecnologias de ponta pode alegar que qualquer alteração genética da flora e fauna implica uma atividade inventiva do intelecto, que possui aplicação direta na indústria agrária ou farmacêutica e que, portanto, tem direito a ser protegida por patente. Ao propor a pretensão que o material biológico modificado geneticamente não é um produto da natureza, mas do intelecto humano, as multinacionais clamam o direito de patente e reivindicam como próprios os benefícios econômicos de sua comercialização. Legitimados, assim, por um regime jurídico supranacional, *os ativos intelectuais* gerenciados pelas empresas multinacionais se transformam no setor chave para a criação da riqueza no capitalismo pós-moderno.

Justamente aqui se revela a "face pós-colonial" do Império. Refiro-me ao modo como as novas representações do desenvolvimento reforçam a chave pós-moderna das hierarquias moderno/colonial, que estabeleciam uma diferença entre o conhecimento válido de uns e o não conhecimento ou *doxa* de outros. Um exemplo disso é o modo como as agências globais do desenvolvimento sustentável consideram o tema dos "conhecimentos tradicionais". As empresas multinacionais sabem que, ao estarem associadas com a biodiversidade e os recursos genéticos, os conhecimentos tradicionais e seus "titulares" adquirem um fabuloso potencial econômico e oferecem múltiplas opções de comercialização. Não é estranho que, em 2001, a OMPI tenha criado um "comitê intergovernamental para a proteção da propriedade intelectual, recursos genéticos, conhecimentos tradicionais e folclore" e que, em 2003, a UNESCO tenha declarado que "as comunidades, em especial indígenas, desempenham um papel importante na produção, a guardiã, a manutenção e a recriação do patrimônio cultural imaterial, contribuindo com para o enriquecimento da diversidade cultural e a criatividade humana[36]. A "guardiã" dos conhecimentos tradicionais agora convertidos em "garantia do desenvolvimento sustentável" não é gratuita. O que se busca é colocar à disposição de multinacionais

---

36 http://unesdoc.unesco.org/images/0013/001325/132540s.pdf

especializadas na investigação sobre recursos genéticos uma série de conhecimentos utilizados milenarmente por centenas de comunidades em todo o mundo para fazer delas algo suscetível de patente. Isso obriga a uma mudança nas *representações sobre o outro*. Em quê se embasa esta mudança?

O paradigma *moderno* do desenvolvimento dos sistemas não ocidentais de conhecimento era visto como inimigo do progresso. Acreditava-se que a industrialização geraria as condições para deixar para trás um tipo de conhecimento fundamentado nos mitos e nas superstições, assim, esse conhecimento seria trocado pelo saber científico-técnico da modernidade. Conjecturava-se, além disso, que características pessoais como passividade, indisciplina ou a indolência de uma "ausência de modernidade" poderiam ser superadas na medida em que o Estado resolvesse problemas estruturais, entre os quais o analfabetismo e a pobreza. Nesse âmbito, o paradigma moderno do desenvolvimento era também um paradigma colonial. Os conhecimentos dos "outros" tinham que ser disciplinados ou excluídos.

Sob outro viés, como compreenderam bem H&N, o capitalismo pós-moderno apresenta-se como uma máquina de inclusões segmentarizada, não de exclusões. Como os conhecimentos não ocidentais podem resultar úteis para o projeto capitalista da biodiversidade, as agendas globais do Império lhes dão boas-vindas. A tolerância diante da diversidade cultural se tornou um valor "politicamente correto" no Império, mas apenas no caso de manifestar-se útil para a reprodução do capital. O indígena, por exemplo, já não é visto como alguém pertencente ao passado social, econômico e cognitivo da humanidade, mas como um "guardião da biodiversidade".[78] De obstáculo para o desenvolvimento econômico da nação, agora os indígenas são compreendidos como indispensáveis para o desenvolvimento sustentável e seus conhecimentos tradicionais são elevados à categoria de "patrimônio imaterial da humanidade". Arturo Escobar formulou da seguinte maneira:

> Uma vez terminada a conquista semiótica da natureza o uso sustentável e racional do meio ambiente se faz um imperativo. Aqui se encontra a lógica subjacente dos discursos do desenvolvimento sustentável e a biodiversidade. Essa nova capitalização da natureza não descansa só sobre a conquista semiótica de territórios (em termos de reservas de biodiversidade) e comunidades (como "guardiãs" da natureza), mas, também, exige a conquista semiótica dos conhecimentos locais na medida que "salvar a natureza" exige a valorização dos saberes locais sobre o apoio da natureza. A biologia moderna começa a descobrir que os sistemas locais de conhecimento são suplementos úteis.[79]

O ponto que quero enfatizar é que a "conquista semiótica" mencionada por Escobar ressemantiza, dentro de um formato pós-moderno, os mecanismos coloniais que legitimaram a exclusão dos conhecimentos "outro" na modernidade. À luz disso, falo da *face pós-colonial da pós-modernidade*. O "reconhecimento" que se faz dos sistemas não ocidentais de conhecimento não é epistêmico, mas pragmático. Mesmo que os saberes das comunidades indígenas ou negras possam ser vistos como "úteis" para a conservação do meio ambiente, a distinção entre "conhecimento tradicional" e "ciência" elaborada pelo Esclarecimento no século XVIII continua vigente;[80] o primeiro segue sendo visto como conhecimento anedótico, não qualitativo, carente de método, enquanto o segundo, mesmo com o esforço transdisciplinar das últimas décadas, é entendido ainda como o único conhecimento epistemologicamente válido. Em nenhum documento de entidades globais, como a UNESCO, há evidências de dúvida sobre esse pressuposto. O documento da OMPI, chamado Intellectual Property and Traditional Knowledge, estabelece que o conhecimento tradicional se ligou a "expressões folclóricas", tais como cantos, narrativas e desenhos gráficos, onde se reproduz a clássica distinção entre *doxa* e *episteme*. Em nenhuma parte do documento há referências sobre o estabelecimento de um diálogo entre a ciência ocidental e os saberes locais, visto que não se tratam de formas equivalentes de produzir conhecimento. Entre um biólogo formado em Harvard e um xamã do Putumayo não pode haver diálogo possível, podendo existir no máximo uma "transferência" de conhecimento em uma só direção, e, portanto, unívoca. Por isso, o que se busca é tão somente documentar a *doxa para preservá-la* (segundo o estabelecido pela Conversão sobre a Diversidade Biológica, em 1992) e, enfim, conseguir *patenteá-la*[37].

A *práxis* das empresas multinacionais é uma mostra clara de que não chegamos ao "final do colonialismo", como anunciam H&N, mas com efeito, que o colonialismo se ressemantiza de forma pós-moderna. Em primeiro lugar, a investigação em Engenharia Genética é muito cara e está dominada por um pequeno número de empresas que operam nos países mais ricos do mundo, enquanto seu "objeto de estudo" – a riqueza biológica da terra – se concentra nas zonas tropicais e subtropicais de países pobres. Mais de 4/5 da biodiversidade biológica do planeta pode ser detectada em regiões do denominado Terceiro Mundo. A Colômbia, depois do Brasil, é o segundo país mais biodiverso do planeta; nesses países existem mais espécies de anfíbios, mamíferos e aves que em qualquer outra nação. Contudo, organizações supranacionais, como a OMPI, e tratados regionais, como o TLC, buscam eliminar os regimes nacionais de proteção sobre essa biodiversidade e abrir a porta para que as grandes multinacionais farmacêuticas e agroalimentares possam adiantar investigações e patentear seus recursos genéticos com a ajuda das comunidades locais, as quais se deseja seduzir com a

---

37 Esta convenção obriga as nações membros a salvaguardar territórios ricos em biodiversidade, espécies ameaçadas de extinção e conhecimentos locais relacionadas com a conservação do meio ambiente. Com relação a esse último ponto CDB estabelece o seguinte: "De acordo com a legislação nacional [cada país] deve respeitar, preservar e manter os conhecimentos, as inovações e as práticas das comunidades indígenas e locais que incorporam estilos de vida tradicionais relevantes para a conservação e uso sustentável da diversidade biológica e promove sua aplicação mais ampla com a aprovação e participação de daqueles que possuem tais conhecimentos, inovações e práticas". (http://www.biodiv.org/doc/legal/cbd-es.pdf).

tentativa de fazê-las participar do lucro obtido da venda de seus conhecimentos tradicionais. Com essa ideia, exige-se a patente por meio da qual estas empresas podem controlar os conhecimentos e recursos gerados pelo fabuloso negócio. Basta dizer que 95% das patentes biológicas é controlada por cinco grandes empresas biotecnológicas e que os lucros produzidos pela cobrança das patentes foram de 15.000 milhões de dólares em 1990.

As patentes são mecanismos jurídicos através dos quais se legitimam as novas formas de *expropriação colonial do conhecimento* no Império. Vandana Shiva[81] menciona o caso do contrato de bioprospecção firmado entre um instituto preservacionista de Costa Rica, em 2001, e a multinacional farmacêutica Merck, em 1991. Essa campanha com ingressos de 4 milhões de dólares ao ano e cerca de 3 mil acionistas, pagou a irrisória soma de um milhão de dólares a Costa Rica, pelo direito exclusivo de investigar, coletar amostras e catalogar recursos genéticos presentes em algum dos seus parques nacionais. Isso foi feito sem a consulta de opinião das comunidades indígenas que vivem nessa região e sem lhes garantir nenhum tipo de proveito. O mercado de plantas medicinais descobertas e patenteadas por Merck, graças às pistas facilitadas pelas comunidades indígenas e locais, pode ser calculada atualmente em cerca de 43 milhões de dólares.[82] Algo similar ocorre com o Tratado de Livre Comércio (TLC), que pretende obrigar países ricos em biodiversidade, como os da região Andina, outorgar garantias legais para a implementação de "corredores biológicos" de onde as multinacionais podem se apropriar dos genes e conhecimentos ancestrais da população. Desse modo, firma-se a proposta dos Estados Unidos, pois o mercado de produtos provenientes da biodiversidade e dos conhecimentos ligados a ela ficará no controle monopolístico de algumas empresas.

O capitalismo pós-moderno, baseado na produção de conhecimento, converteu a biodiversidade no novo "ouro verde" das Índias. A tese de H&N, no sentido de que não há "fora do Império" não significa que todos os territórios geográficos foram colonizados pela economia de mercado e que, portanto, a era do colonialismo terminou. Significa que agora o capital necessita buscar *colônias pós-territoriais* para continuar seu processo de expansão. Essas novas colônias continuam localizadas nos velhos territórios do colonialismo moderno e já não reproduzem a mesma lógica desse colonialismo. Sua lógica é, sobretudo, pós-fordista, pois não são riquezas materiais o que se busca, mas acima de tudo informações contidas nos genes e nos sistemas não ocidentais de conhecimento. Devido a esse motivo, torna-se necessário a preservação destes saberes tradicionais e não mais destruí-los, muito embora olhem-nos como uma forma epistêmica inferior. Por isso, também, o "valor" que se dá ao trabalho das comunidades locais já não tem uma medida material, como no colonialismo moderno, mas imaterial ("patrimônio imaterial"). Seu trabalho e sua cultura têm valor se servem para produzir "conhecimento sustentável" que, mesmo assim, são apropriados pela lógica do Império.

Surpreende então que H&N decretem tão apressadamente a morte do colonialismo, apesar de serem conscientes desse problema. Considere-se, por exemplo, a seguinte passagem tomada do livro *Multitude*:

> O Norte Global é geneticamente pobre em variedade de plantas e todavia, ostenta a propriedade da imensa maioria das patentes; enquanto o Sul Global é rico em espécies mas pobre em patentes. Mais ainda, muitas das patentes em poder do Norte derivam da informação extraída da matéria-prima genética que se encontra nas espécies do Sul. A riqueza do Norte gera benefícios em forma de propriedade privada, enquanto a riqueza do Sul não gera nenhuma porque é considerada patrimônio comum da humanidade.[83]

No lugar de considerar a biodiversidade como uma forma pós-moderna de reorganização da colonialidade, H&N preferem pensar a hegemonia do trabalho imaterial. Não obstante, o passo diagnosticado por H&N do fordismo ao pós-fordismo, significa não só que a produção imaterial vai obtendo hegemonia sobre a produção material; significa, além de tudo, que estamos entrando num tipo de economia global que já não se sustenta, unicamente, com os recursos minerais, mas cada vez mais, sobretudo, com recursos vegetais e biológicos. Sabe-se isso, pois 40% de todos os processos produtivos atuais se fundam em materiais biológicos e essa é uma tendência crescente. Sem os recursos genéticos das regiões do Sul e sem a expropriação aleivosa dos sistemas não ocidentais de conhecimento, a economia pós-fordista do Império não seria possível. Por causa disso, afirmo que a colonialidade do poder não morreu, mas modificou sua forma. Isso não quer dizer que as formas modernas da pós-colonialidade desapareceram, mas que surgiram outras maneiras que são afins aos novos imperativos de produção imaterial.

REFERÊNCIAS

AHMAD, Aijaz. *In Theory:* Classes, nations, literatures. Londres: Versos. 1993.

AHMAD, Aijaz. Teoría, política, subalternidad y poscolonialidad. *In:* Guardiola-Rivera, Oscar. *Pensar (en) los intersticios:* teoría y prácticade la crítica poscolonial. Bogotá: CEJA, 1999. p. 111-130.

ARICÓ, José. *Marx y América Latina*. Centro de Estudios para el Desarrollo y la Participación, Lima, 1980.

ASHCROFT, Bill; GRIFFITHS, Gareth; TIFFIN, Helen. *The Empire Writes Back:* Theory and Practicein Post-Colonial Literatures. Londres: Routledge, 1989.

ASHCROFT, Bill; GRIFFITHS, Gareth; TIFFIN, Helen. *The Postcolonial Studies Reader*. Londres: Routledge, 1995.

ASHCROFT, Bill; PAL, Ahluwalia. *Edward Said:* la paradoja de la identidad. Barcelona: Bella Terra, 2000.

BEVERLEY, John. La persistencia del subalterno. *Ponencia presentada en LASA*, Washington, 2001.

BEVERLEY, John. Subalternity and Representation: Arguments in Cultural Theory. Durham: Duke University Press, 1999.

CALLINICOS, Alex. *Against postmodernism:* A Marxist Critique. Cambridge: Polity Press, 1992.

CASTRO-GÓMEZ, Santiago (Ed). *La reestructuración de las ciencias sociales en América Latina*. Bogotá: CEJA, 2000.

CASTRO-GÓMEZ, Santiago Apogeo y decadencia de la teoría tradicional: una visión desde los intersticios. *In:* WALSH, Catherine. *Estudios culturales latinoamericanos:* retos desde y sobre la región andina. Quito: Ediciones Abya Yala, 2003. p. 59-72.

CASTRO-GÓMEZ, Santiago. *La hybris del punto cero:* ciencia, raza e ilustración en la Nueva Granada (1750-1816). Bogotá: Editorial Pontificia Universidad Javeriana, 2005.

CASTRO-GÓMEZ, Santiago; GUARDIOLA-RIVERA, Oscar; BENAVIDES, Carmen Millán de. (Ed.). *Pensar (en) los intersticios:* teoría y práctica de la crítica poscolonial. Bogotá: CEJA, 1999.

CASTRO-GÓMEZ, Santiago; MENDIETA, Eduardo (Ed.). *Teorías sin disciplina:* latinoamericanismo, poscolonialidad y globalización en debate. México: Porrúa- Univesity of San Francisco, 1998.

DIRLIK, Arif. The Postcolonial Aura: Third World Criticism in the Age of Global Capitalism. Boulder: West View Press, 1997.

DUBE, Saurabh. (Ed.). *Pasados poscoloniales.* México: Colegio de México, 1999.

DUSSEL, Enrique. *1492:* el encubrimiento del otro: el origen del mito de la modernidad. Bogotá: Anthropos, 1992.

DUSSEL, Enrique. Eurocentrismo y modernidad: introducción a las lec-turas de Frankfurt. *In:* MIGNOLO, Walter. *Capitalismo y geopolítica del conocimiento:* el eurocentrismo y la filoso-fía de la liberación en el debate intelectual con-temporáneo. Buenos Aires: Ediciones del Signo-Duke University, 2001.

DUSSEL, Enrique. *Introducción a la filosofía de la liberación.* Bogotá: Nueva América, 1995.

DUSSEL, Enrique. *La ética de la liberación ante el desafío de Apel, Taylor y Vattimo, con respuesta inédita de Karl-Otto Apel.* México: UNAM, 1998.

DUSSEL, Enrique. Más allá del eurocentrismo: el sistema-mundo y los límites de la modernidad. *In:* CASTRO-GÓMEZ, Santiago; GUARDIOLA-RIVERA, Oscar; BENAVIDES, Carmen Millán de. *Pensar (en) los intersticios: teoría* y práctica de la crítica poscolonial. Bogotá: CEJA, 1999. p. 147-161.

ESCOBAR, Arturo. *La invención del Tercer Mundo.* Bogotá: Norma, 1999.

ESCOBAR, Arturo. Más allá del Tercer Mundo: globalidad imperial, colonialidad global y movimientos antiglobalización. *Nómadas,* v. 20, p. 86-100, 2004.

ESCOBAR, Arturo. Worlds and knowledges otherwise: the Latin American modernity/coloniality research program, 2005. Disponível em: http://www.unc.edu/~aescobar/articles1engli.htm. Acesso em: 2005.

GANDHI, Leela. Postcolonial theory. A critical introduction. Nova York: Columbia University Press, 1998.

GNECCO, Cristóbal. *Multivocalidad histórica:* hacia una cartografía poscolonial de la arqueología., Bogotá: Universidad de los Andes, 1999.

GRÜNER, Eduardo. *El fin de las pequeñas historias:* de los estudios culturales al retorno (imposible) de lo trágico. Barcelona: Paidós, 2002.

HARDT, Michael; Negri, Antonio. *Imperio*. Bogotá: Ediciones Desde Abajo, 2001.

HARDT, Michael; Negri, Antonio. *Multitud*: guerra y democracia en la era del Imperio. [S.l: s.n], 2004.

HEGEL, Georg Wilhelm Friedrich. *Lecciones sobre la filosofía de la historia universal*. Madrid: Alianza Editorial, 1980.

LANDER, Edgardo. (Ed.). *La colonialidad del saber:* eurocentrismo y ciencias sociales. Perspectivas latinoamericanas. Buenos Aires: CLACSO-UNESCO, 2000.

LOOMBA, Ania. *Colonialism/postcolonialism*. Londres: Routledge, 1998.

MARX, Karl. *Simón Bolívar*. Madrid: Ediciones Sequitur, 2001.

MARX, Karl; ENGELS, Friedrich. *El manifiesto comunista*. Madrid: Sarpe, 1983.

MIGNOLO, Walter. (Ed). *Capitalismo y geopolítica del conocimiento:* el eurocentrismo y la filosofía de la liberación en el debate intelectual contemporáneo. Buenos Aires: Ediciones del Signo-Duke University, 2001.

MIGNOLO, Walter. Colonialidad global, capitalismo y hegemonía epistémica. In: Walsh, Catherine; SCHIWY, Freya; Castro-Gómez, Santiago. *Indisciplinar las ciencias sociales*: geopolíticas del conocimiento y colonialidad del poder. Quito: Universi-dad Andina Simón Bolívar-Abya-Yala, 2002. p. 215-244.

MIGNOLO, Walter. *Local Histories/Global Designs*. Princeton: University of Princeton Press, 2000.

MIGNOLO, Walter. *The Darker Side of the Renaissance:* Literacy, Territoriality and Colonization. Ann Arbor: University of Michigan Press, 1995.

MOORE-GILBERT, Bart. *Postcolonial Theory:* Contexts, Practices, Politics. Londres: Verso, 1997.

O'GORMAN, Edmundo. *La invención de América*. México: Fondo de Cultura Económica, 1991.

QUIJANO, Aníbal. Colonialidad y modernidad-racionalidad. *In:* BONILLA, Heraclio (Ed.). *Los conquistados:* 1492 y la población indígena de las Américas. Bogotá: Tercer Mundo-Libri Mundi, 1992. p. 437-447.

REYNOSO, Carlos. *Apogeo y decadencia de los estudios cultura-les*. Barcelona: Gedisa, 2000.

RICHARD, Nelly. Intersectando Latinoamérica con el latino americanismo: discurso académico y crítica cultural. *In:* CASTRO-GÓMEZ, Santiago; MENDIETA, Eduardo. *Teorías sin disciplina:* latinoamericanismo, poscolonialidad y globalización en debate. Francisco, México: Porrúa-University of San, 1998. p 245-270.

RIVERA CUSICANQUI, Silvia; BARRAGÁN, Rossana. (Ed.). Debates postcoloniales: una introducción alos estudios de la subalternidad. La Paz: Sierpe, [S.d.].

SAID, Edward W. *Orientalism*: Western Conceptions of the Orient. Nova York: Penguin Books, 1995.

SAID, Edward W. *Orientalismo*. Madrid: Ediciones Libertarias, 1990.

SHIVA, Vandana. *Biopiratería*: el saqueo de la naturaleza y el conocimiento. Barcelona: Icaria, 2001.

ULLOA, Astrid. La construcción del nativo ecológico: complejidades, paradojas y dilemas de la relaciónentre los movimientos indígenas y el ambientalismo en Colombia. Bogotá: Instituto Colombiano de Antropología e Historia, 2004.

WALSH, Catherine. (Ed.). *Estudios culturales latinoamericanos*: retos desde y sobre la región andina. Quito: Abya Yala/Universidad Andina Simón Bolívar, 2003.

Walsh, Catherine. Geopolíticas del conocimiento. *Comentario Internacional*, Universidad Andina Simón Bolivar, Quito, 2001.

WALSH, Catherine; SCHIWY, Freya; CASTRO-GÓMEZ, Santiago. *Indisciplinar las ciencias sociales:* geopolíticas del conocimiento y colonialidad del poder: perspectivas desde lo andino. Quito: Universidad Andina Simón Bolívar-Abya Yala, 2002.

WILLIAMS, Patrick; CHRISMAN, Laura. (Ed). *Colonial Discourse and Postcolonial Theory*: a Reader. Columbia University Press, Nova York, 1994.

YOUNG, Robert. *White Mythologies:* Writing History and the West. Nova York: Routledge, 1990.

ZEA, Leopoldo. Discurso desde la marginación y la barbarie. Barcelona: Anthropos, 1988.

NOTAS DE FIM

1 BEVERLEY, 2001.

2 MARX 2001, p. 71.

3 MARX; ENGELS, 1983, p. 29-33.

4 MARX; ENGELS, 1983, p. 31.

5 ARICÓ, 1980, p. 97; ZEA, 1988, p. 225-236.

6 MARX, 2001, p. 71.

7 YOUNG, 1990.

8 SAID, 1990, p. 19-21. (itálico nosso)

9 SAID, 1995, p. 77.

10 SAID, 1990, p. 31-32. (itálico nosso)

11 CALLINICOS, 1995, p. 85.

12 CALLINICOS, 1992, p. 73-81.

13 AHMAD, 1993, p. 178.

14 AHMAD, 1993, p. 167.

15 AHMAD, 1993, p. 182.

16 AHMAD, 1993, p. 181.

17 AHMAD, 1993, p. 194.

18 AHMAD, 1993, p. 172-173.

19 AHMAD, 1993, p. 192.

20 AHMAD, 1993, p. 193.

21 DIRKLIK, 1997, p. 13.

22 DIRKLIK, 1997, p. 71.

23 DIRKLIK, 1997, p. 10.

24 DIRKLIK, 1997, p. 2.

25 DIRKLIK, 1997, p. 28.

26 DIRKLIK, 1997, p. 73.

27 DIRLIK, 1997, p. 66.

28 DIRLIK, 1997, p. 8.

29 RICHARD, 1998, p. 248-250.

30 RAYNOSO, 2000.

31 RAYNOSO, 2000, p. 119.

32 GRUNER, 2002, p. 177.

33 GRÜNER, 2002, p. 176-177.

34 GRÜNER, 2002, p. 40, 184.

35 GRÜNER, 2002, p. 199.

36 GRÜNER, 2002, p. 185.

37 GRÜNER, 2002, p. 180.

38 GRÜNER, 2002, p. 45.

39 DUSSEL, 1995, p. 92, 107.

40 DUSSEL, 1995, p. 200-204.

41 DUSSEL, 1995, p. 111.

42 DUSSEL, 1995, p. 138-139.

43 DUSSEL, 1999, p. 147.

44 DUSSEL, 1992, p. 21-34.

45 DUSSEL, 1999, p. 148-149.

46 DUSSEL, 1997, p. 156.

47 DUSSEL, 1992, p. 67.

48 DUSSEL, 1997, p. 158.

49 MIGNOLO, 2000, p. 11.

50 MIGNOLO, 2000, p. 12.

51 MIGNOLO, 2000, p. 56-57.

52 MIGNOLO, 2000, p. 23.

53 O'GORMAN, 1991, p. 147.

54 O'GORMAN, 1991, p. 148.

55 MIGNOLO, 1995, p. 230.

56 MIGNOLO 2000, p. 59.

57 MIGNOLO, 2000, p. 57. (itálico nosso)

58 QUIJANO, 1992, p. 438.

59 QUIJANO, 1992, p. 439. (itálico nosso)

◎ editoraletramento   ⊕ editoraletramento.com.br
f editoraletramento   in company/grupoeditorialletramento
🐦 grupoletramento   ✉ contato@editoraletramento.com.br

🌐 casadodireito.com   f casadodireitoed   ◎ casadodireito

60 CASTRO-GÓMEZ, 2005.

61 MIGNOLO, 1995, p. 229.

62 MIGNOLO, 1995, p. 220-236.

63 CASTRO-GÓMEZ, 2005.

64 HARDT; NEGRI, 2001, p. 323.

65 HARDT; NEGRI, 2001, p. 149.

66 HARDT; NEGRI, 2001, p. 286-297.

67 HARDT; NEGRI, 2001, p. 228-233.

68 HARDT; NEGRI, 2001, p. 310.

69 HARDT; NEGRI, 2001, p. 324.

70 HARDT; NEGRI 2001, p. 324.

71 HARDT; NEGRI 2001, p. 323.

72 MIGNOLO; 2002, p. 227.

73 CASTRO-GÓMEZ, 2005.

74 MIGNOLO, 2002, p. 228. (itálico nosso)

75 HARDT; NEGRI, 2001, p. 104.

76 ESCOBAR, 1999, p. 128. (itálico nosso)

77 ESCOBAR, 2004, p. 384.

78 ULLOA, 2004.

79 ESCOBAR, 2004, p. 383-384.

80 CASTRO-GÓMEZ, 2005.

81 SHIVA, 2001.

82 SHIVA, 2001, p. 101.

83 HARDT; NEGRI, 2004, p. 216-217.